Ça y est!

PRACTICE FOR GCSE FRENCH

RICHARD APLIN

HODDER AND STOUGHTON
LONDON SYDNEY AUCKLAND TORONTO

Acknowledgments
The author and publisher are grateful to the BBC for the use of material previously used in the School Radio Series, *La France Aujourd'hui* and to the following sources:

M. Chesnais, «Transports et espace français» (Masson, 1981) (R39, pp. 27–28); *Virgule* No. 33, novembre 1982 1982 (R45, pp. 31–32); J.-P Durand and H. Tengour, «L'Algerie et ses populations» (Éditions Complexes, 1982) (R62, p. 45); Franquin et Delporte, «En direct de la gaffe» (Dupuis, 1974) (R64, p. 45); Interview recueillie par Sue Branford, *Cérès*, juillet-août 1977 (R70. pp. 51–2); M. Allardi, «Livre rouge des espèces menacées en France» (Muséum national d'Histoire naturelle, 1983) (R72, p. 54); David Benchetrit, «L'Ordinateur raconté» (Éditiones Acléon, 1983) (R79, pp. 58–9); B. Glass, «L'Ours brun et sa protection dans le Parc des Pyrenées occidentales» (La Documentation Française, 1981) (R96, p. 70); *Transport public*, No. 802, fevrier 1983 (R109 p. 79); S. D. . . in *Le Monde de l'Education*, mai 1983 (R113, p. 81); «Service Consommateurs Promodes et Gervais-Danone», 1979 (R142, p. 97); J. Klatzmann, «Nourir dix milliards d'hommes» PUF, 1983, in *Telerama*, 10 octobre 1984 (R151, p. 102).
L30, pp. 123–4: Adapted from interview reported in *Phosphore*, juin 1983;
L31, pp. 124–5: Adapted from interview printed in *Phosphore*, 29 juin 1983.

Every effort has been made to trace copyright holders of material reproduced in this book. Any rights not acknowledged here will be acknowledged in subsequent printings if notice is given to the publisher.

ISBN 0 340 40826 X

First published 1988

Copyright © 1988 Richard Aplin

Phototypeset by Gecko Limited, Bicester, Oxon.
Printed in Great Britain for Hodder and Stoughton Educational, a division of Hodder and Stoughton Ltd, Mill Road, Dunton Green, Sevenoaks, Kent by The Eastern Press Ltd, London and Reading

Introduction

Ça y est! is a compilation of questions intended for use as practice material for GCSE French examination classes. The questions can be used for revision purposes or for practice tests, in conjunction with *Orientations* or any published course, and *Ça y est*! is probably most effective in the final year before the GCSE examination.

In particular, efforts have been made to provide appropriate authentic materials as the basis for listening and reading questions, and to give practice in less familiar forms of writing exercise. The intention is that the teacher should choose what is appropriate, making a selection following some or all of these criteria:

1 **The GCSE syllabus.** The area of content and style of questions differ between the published syllabuses. Most but not all of the questions here will be suitable for every syllabus.

2 **The level of the pupil.** Each examining group has its own classification of simpler and more difficult levels. Rather than link this book with any one group's scheme, the author has given a broad indication of level, by marking with an asterisk the more demanding questions. Where, however, a question has more than one part, some pupils may be able to answer some parts and not others.

3 **The topic being prepared currently.** Table 1 (page 127) gives an indication of questions by topic, following headings which are recognisable in all the syllabuses. Columns 2, 3 and 4 in the table show which reading, listening and writing questions may be broadly appropriate to any topic. Column 5 refers to the *Extra*! booklet unit in which oral work in the same topic area is developed. A clear connection with *Orientations* units is specified in Table 2 (page 128). *Orientations* contains many more authentic texts and opportunities for language practice.

The style and content of the questions reflect the wide range specified by the examining groups. It should however be noted that the syllabuses show substantial differences of detail, notably in their word-lists, and some questions therefore will not seem immediately appropriate to every syllabus. In such cases, a little more help with vocabulary items may be necessary, although in some apparently difficult texts, the questions will be found to be very straightforward.

The reading texts are all authentic, and there is a variety of styles of question and answer. The listening texts are all intended to be spoken, and are recorded on one C60 cassette. (The texts are printed for the teacher's reference on pp. 122–26.) The writing questions give a selection of some of the newer styles of test items for this level. No attempt has been made to replicate the kinds of written test items which are already familiar and widely available.

In conjunction with teaching material such as *Orientations*, and oral development material as in *Extra*! this book should enable the teacher to construct a flexible and responsive preparation for GCSE.

Reading Questions

R1 *Here is an advertisement for a department store.*

TOUT SUR 4 ÉTAGES

NIVEAU 1
confection homme
disques, loisirs, parfumerie
NIVEAU 2
confection femme, enfant
sport, jouets

NIVEAU 3
alimentation
arts ménagers, bricolage
restaurant
NIVEAU 4
ameublement, luminaires

votre grand magasin
Jelmoli
LYON ◉ PART.DIEU SUD

In the box next to the items below write the figure of the level where you would go to find these goods or services.

a toys
b food
c records

d perfume
e women's clothes
f DIY materials

R2 *When spending time in the Part-Dieu shopping precinct in Lyon, you decide to have a meal and look at some of the restaurant advertisements.*

BRASSERIE de l'HELVÉTIE

4, boulevard des Brotteaux, 69006 Lyon
Tél. 24 38 18

*Gratinée, Grillades, Spécialités
jusqu'à 1 h. du matin*

COFFEE-SHOP

BAR : à partir de 11 heures
APERITIFS GLACES GEANTES

RESTAURANT : nouvelles cartes
Pizzas Brochettes
Diners aux chandelles

PLAT DU JOUR avec garniture

1, quai des Celestins PARKING Reserv. tel 37.41.80

Mark with a tick under the name(s) of the restaurants which give this information:

	Brasserie de l'Helvétie	Coffee Shop	Cafétéria Lafayette	L'Espace
a car parking space is available				
b open after midnight				
c drinks and ices served before midday				
d convenient for cinema patrons				
e grills are served				
f reservations accepted by telephone				

R3   *In the railway station you see this sign above some of the platforms.*

TRAINS DE BANLIEUE

Where will trains from these platforms
be going?

✱ R4   *This short article about mail order gives some details of its recent development in France.*

LA VENTE PAR CORRESPONDANCE

(V.P.C.) existe à vrai dire depuis la fin du XIXe siècle, mais elle connaît actuellement une seconde jeunesse puisqu'avec 20 milliards de F de chiffre d'affaires en 1981, elle réalise 2,30% de l'ensemble du commerce de détail (contre 0,96% en 1960). C'est, certes, moins qu'aux Etats-Unis (10%) ou en RFA (4,7%), mais pour certains produits, le textile et le livre, la V.P.C. a un rôle très important (35% du linge de cuisine, 32% des couvertures, 26% du linge de table, par exemple, et 22,5% des livres, 10% des disques et des aspirateurs sont vendus par correspondance).

L'instrument principal de la V.P.C. est un catalogue séduisant, coloré, qui peut comporter jusqu'à 1 000 pages et décrire plus de 20 000 articles.

L'informatique a favorisé, très fortement, le redémarrage de la V.P.C. Des entreprises comme La Redoute, Les Trois Suisses, La Camif, entre autres, utilisent systématiquement l'ordinateur.

Une clientèle de 7 à 8 millions de personnes et chaque jour 100 000 lettres reçues, 100 000 colis, chaque année des dizaines de millions de documents de vente. On comprend qu'un trafic de cette importance soit impossible sans l'aide de l'informatique.

a   When did mail-order sales begin?

b   How does the proportion of sales due to mail order in France compare with that in the other countries mentioned?

c   Give five examples of the goods mentioned that are sold by mail order.

d   What has particularly helped the renewal of the fortunes of the mail-order industry?

e   In what specific ways has this been of assistance?

R5   *Feeling the need for exercise, you think about a little golf.*

STAGES A PARIS

Dans le cadre magnifique du golf d'entraînement de la Marsaudière, des installations conçues spécialement pour l'enseignement, à deux pas de Paris:
Practice, Putting-Green, Pitching-Green, Parcours compact.
Stages de week-end. Stages intensifs de semaine.
Stages longue durée.

A Paris, Porte d'Orléans ou Pont de Neuilly, stages longue durée de 1 h ou 2 h par semaine sur Practice.

GOLF ACTION

a   What is the name of the golf course used by this organisation near Paris?
b   What three kinds of training programmes are provided there?
c   How many courses are available within Paris itself?

R6 *In order to find out about what is available for visitors to Bordeaux, you consult the Office de Tourisme's pamphlet.*

Office de Tourisme de Bordeaux.

**DOCUMENTATION
RENSEIGNEMENTS TOURISTIQUES
RESERVATIONS HOTELIERES**

Maison du Tourisme
12, cours du XXX Juillet - 33080 BORDEAUX CEDEX
Tél. 56 44 28 41 - Télex 570 362
Bureau National d'Accueil et d'Information
Membre de l'Association Française des Villes de Congrès
''Accueil de France''

> **i** Ouvert du 1ᵉʳ juin au 31 août :
> de 9 h à 19 h (18 h le samedi) le dimanche de 9 h à 14 h.
> Du 1ᵉʳ septembre au 31 mai :
> de 9 h à 12 h 15 et de 13 h 35 à 18 h 30 (18 h le samedi).
> Fermé le dimanche.

Adresses utiles.
P.T.T. : Poste Centrale (C 2) ouverte de 8 heures à 19 heures — jusqu'à 22 heures pour le téléphone et le télégraphe.
S.N.C.F. (Chemin de Fer) — Renseignements. Tél. : 56 92 50 50.
AIR FRANCE (D 3) — 27, rue Esprit-des-Lois. Tél. : 56 44 64 35.
AIR INTER (D 3) — 23, allées de Tourny. Tél. : 56 44 80 70.
MAISON DU VIN (C 3) — 1, cours du XXX-Juillet. Tél. : 56 52 82 82 (Documentation — dégustation gratuite).
Change : Thomas COOK, gare St-Jean. 7 j/7, 6 h 30-20 h. T. 56 91 58 80

Si vous venez pour affaires.
Chambre de Commerce et d'Industrie. 12, place de la Bourse. Tél. : 56 90 91 28.
Foire Internationale-Bordeaux-Lac. Tél. : 56 39 55 55.
Bordeaux-Congrès-Palais des Congrès Bordeaux-Lac. Tél. : 56 50 84 49.

Si vous êtes en difficulté.
En cas d'accident ou de maladie subite : appelez Police-Secours. Tél. : 17.
Médecins et Pharmaciens de garde. Tél. : 56 90 92 75.
En cas de perte de documents, pour joindre votre consulat, etc. Adressez-vous à l'Hôtel de Police - 87, rue Abbé-de-l'Epée (D 2). Tél. : 56 90 92 75.

Bordeaux — Sélection Loisirs.
Renseignements téléphoniques 24 heures sur 24 heures.
en français 56 48 04 68
en anglais 56 48 04 61

Tick under the number or numbers you would dial in order to:

	56.48.04.61.	*56.92.50.50*	*56.52.82.82.*	*56.44.28.41.*	*56.90.92.75.*
a obtain emergency medical help					
b find out train times					
c find out what's on (English language service)					
d check on hotel accommodation					
e find out about the local wine industry					
f report a lost passport					

R7   *In the town, you see this sign.*

SYNDICAT D'INITIATIVE

Where does it lead to?

* **R8**   *This article about immigrant communities in Marseille describes how some of the local activities have arisen.*

Activités des Jeunes Immigrés

Des élèves de 4ᵉ du collège Albert Camus, implanté dans les fameux quartiers Nord de Marseille, écrivent avec le concours de leurs professeurs un livre pour expliquer «les conditions de vie, la saleté, la ségrégation des quartiers, les loyers, les expulsions des clandestins, les histoires de papiers, la répression par les pères, par les frères, le racisme». Cela donne: *J'ai rendez-vous avec la mer* (Ed. Alinéa, Aix-en-Provence).

De petites troupes de théâtre maghrébines, mais aussi portugaises jouent un peu partout en France des scènes de la condition des immigrés.

Des chanteurs, des groupes de musique «Rock» surgissent de terre dans toutes les cités. Une des plus connues, «Carte de séjour», à Lyon, joue du rock arabe, acquiert une audience nationale et peut-être bientôt internationale.

Des jeunes ont fondé, en 1979, sans aucun moyen au départ, un hebdomadaire devenu, en 1982, un mensuel de l'immigration et du Tiers Monde de grande audience: «Sans Frontière».

A Paris, une radio libre, Radio Beur (autorisée sur 98,5 Mhz) fait de plus en plus parler d'elle. «Beur» signifie «Arabe». Il s'agit d'une radio faite quasi essentiellement pour les enfants issus du Maghreb et animée par des jeunes: poésie, musique, chanson, littérature, théâtre, cinéma . . .

Farid Boudjellal et Larbi Mechkour lancent, en 1983, la première bande dessinée, «Les Beurs», sur l'immigration à Belleville.

L'ANGI (Association de la Nouvelle Génération immigrée), née en 1981, vient en aide aux jeunes d'origine étrangère. Elle est structurée en trois commissions: accueil et hébergement, loisirs et culture pour les jeunes, et ateliers de rencontre.

le Maghreb   North Africa

a   Who has written the book entitled *J'ai rendez-vous avec la mer?*

b   What are its main themes?

c   Where do the theatre groups perform?

d   What are we told about the rock-group «Carte de séjour»?

e   What is «Sans Frontière»?

f   Describe the activities of Radio Beur.

g   How does the ANGI organisation work?

| **R9** | *In a chemist's shop window, you see this advertisement.* |

PHYTOJOBA
shampooing réhydratant des cheveux secs

a   What is it advertising?

b   Who would be interested in buying this product?

 | **R10** | *You see this item in a magazine in a series about successful career women.* |

Hélène Gainville sur mesure!

Hélène Gainville n'est jamais entrée dans une boutique! Mariée avec un radiologue, mère de deux petits enfants (qui ont aujourd'hui deux et cinq ans), elle créait elle-même ses robes et faisait confectionner ses deux «collections» annuelles par une couturière à domicile. Tout le monde lui demandait la marque, personne ne la croyait! Début 1984, elle décide de prouver que c'est bien elle, la styliste. Elle installe un atelier de cinq personnes dans son appartement, et lance une mini-collection . . . C'est une robe sur mesure qu'on lui commande aussitôt. Qu'à cela ne tienne, le «sur mesure» au prix du prêt-à-porter devient son cheval de bataille, et «Rien n'est impossible» sa devise. L'important ce n'est pas la mode, mais ce qui va et plaît: de la robe de mariée au pyjama d'intérieur, des robes du soir aux tailleurs pure laine. Avantages énormes, outre les prix, qui lui ont vite constitué une clientèle fidèle: pas la peine de courir tout Paris pour trouver ce qui vous embellit, et pas de danger de retrouver la même robe à une soirée. Le rêve d'Hélène: un complexe «mode-beauté», avec coiffeur et esthéticienne.

a   What does Hélène Gainville claim never to have done?

b   How many children has she got? How old are they?

c   How did she obtain her clothes until 1984?

d   Why did she decide to open her own workshop?

e   What was her first order?

f   What advantage does she have over competitors?

g   How does she adapt her work to her customers' needs?

h   What are the advantages for the clients?

i   What does she aim to do in the future?

R11   *Browsing through the classified adverts in a magazine, you notice these items:*

Toile tente Messager (4/5 pl.), 2 chbres, c. cuis., auvent, av. mat. camp.: 2 lits camping gaz, chses, tabourets, etc., 2 800 F, b. ét., – Mme Cottereau – Tél.: (1) 670.07.59 (le soir).
Vélo homme Rétro bordeaux, px à déb., mach. à coudre anc. à péd., mot. 110 volts, px à déb., – Mme Jérusalem – Tél.: (1) 259.48.83 (dom.).
Téléviseur noir et blanc Radiola (61 cm), 3 chaines, boiserie noyer véritable, 400 F; matelas Tréca, b. ét. (1,90 × 1,25), 500 F; M. Gandais – Tél.: (6) 046.75.44.
L'anglais en s'amusant en bandes dessinées et cassette, coll. Alpha, 10 vol. reliés, – 1 300 F – M. Martel   –   Tél.:   (1) 352.67.19.

a   Who would you contact if you wanted to buy a man's bike?

b   Describe the television set advertised.

c   What other electrical equipment is on sale?

d   Name two articles that Mme Cottereau is trying to sell, in addition to a tent.

e   Describe the method of the English course for sale.

* R12   *You are interested in comparing the computers you have in school with the Minitel system in France, and check through the information sheet.*

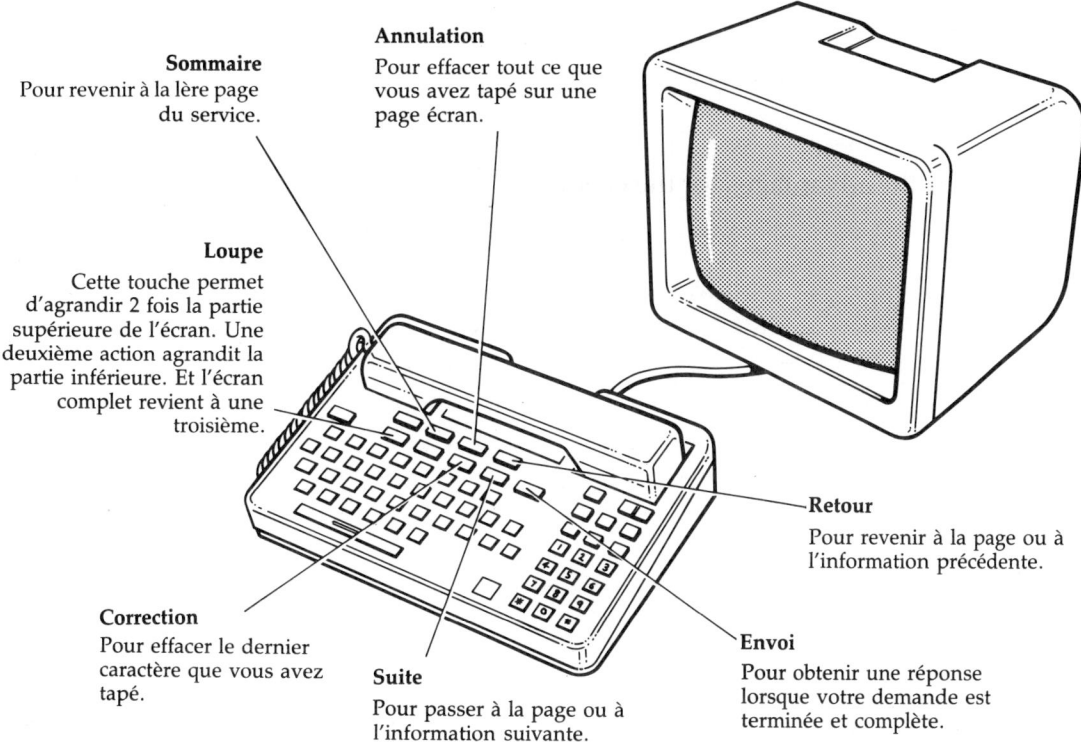

Sommaire
Pour revenir à la 1ère page du service.

Annulation
Pour effacer tout ce que vous avez tapé sur une page écran.

Loupe
Cette touche permet d'agrandir 2 fois la partie supérieure de l'écran. Une deuxième action agrandit la partie inférieure. Et l'écran complet revient à une troisième.

Retour
Pour revenir à la page ou à l'information précédente.

Correction
Pour effacer le dernier caractère que vous avez tapé.

Suite
Pour passer à la page ou à l'information suivante.

Envoi
Pour obtenir une réponse lorsque votre demande est terminée et complète.

Tick under the key you would operate in order to:

	Loupe	Annulation	Retour	Sommaire	Correction	Suite	Envoi
a go back to page 1							
b enlarge part of the screen							
c pass on to the next page							
d delete the previous letter							
e go back to the previous page							
f ask for a reply to your question							
g delete your whole message							

R13   *On a visit to Bordeaux, you want to go shopping, but cannot make up your mind where. The guide can help you.*

Lèche-vitrines.

Bordeaux est un paradis pour le "Shopping". La plupart des commerces de Luxe se trouvent dans le "Triangle" formé par le Cours de l'Intendance, les Allées de Tourny et le Cours Georges Clémenceau.

La Municipalité a créé un réseau de voies piétonnières pour l'agrément des promeneurs : rue Sainte Catherine avec ses Grands Magasins, rue Porte Dijeaux, Place du Parlement etc... ainsi que le Centre Commercial de Mériadeck.

De nombreuses boutiques d'antiquités et de brocante se retrouvent un peu partout, mais certains quartiers en sont particulièrement riches : rue des Remparts, rue Bouffard (C 2), rue Notre Dame (E 3).

Ne quittez pas Bordeaux sans emporter quelques bouteilles des meilleurs vins du monde. Vous trouverez des vins de châteaux à partir de 15 F la bouteille.

a   What is the "Triangle"?

b   What have the City Council arranged, in order to make things easier for shoppers?

c   What are the Rues des Remparts, Bouffard and Notre Dame noted for?

d   What is the reader particularly urged to do?

R14   *In a cinema, you see there are two prices.*

BALCON	27 F
ORCHESTRE	24 F

You wish to sit downstairs. How much will you have to pay for your ticket?

R15   *On your first mountain walk, you look at the advice given.*

A la montagne

Une randonnée, une escalade se préparent.
Tenez compte des bulletins météo.

Ne partez jamais seul... et soyez
accompagné de personnes expérimentées.

Prévenez toujours quelqu'un de votre
itinéraire, de la composition de votre
groupe et de l'heure de votre retour.

a   What advance information should you be aware of?

b   What must you not do?

c   What information should you give to someone else?

 R16   *You are interested in finding out more about orienteering and come across this item.*

UN CHOIX D'ÉPREUVES

La course individuelle est la forme la plus répandue. Les concurrents partent individuellement de 2 minutes en 2 minutes (ou de 3 en 3) et sont classés en fonction du temps total consacré à l'accomplissement de leur parcours entre le départ et l'arrivée. La distance varie selon l'âge et le sexe, de l'enfant au vétéran. Pour la catégorie «Élite» de 21 à 35 ans, le parcours mesure entre 9 et 12 km avec 400 mètres de dénivelé.

La course à étapes est réservée aux manifestations internationales de trois, quatre ou cinq jours . . . Les «trois jours de France», organisés tous les deux ans, rassemblent plusieurs milliers de concurrents. En 1984, ce sera «cinq jours» en Aquitaine.

Pour les débutants le «score 100» est un jeu d'initiation à la promenade en forêt. Il consiste à enregistrer les points marqués en découvrant des contrôles. Cent points marqués en moins d'un an permettent d'obtenir le Brevet d'orienteur sportif.

a   What is the major difference allowed within individual orienteering competitions?

b   What does the text say about international orienteering meetings?

c   How do beginners score their 100 points?

d   How would they qualify for their certificate?

R17 *Leafing through a magazine, you notice this advertisement for a shop selling mainly fur and suede clothing.*

AVANT TRAVAUX
D'EMBELLISSEMENT
**LA BOUTIQUE
DU DAIM
SOLDE**
A DES PRIX EXCEPTIONNELS
VÊTEMENTS DE PEAU
DOUBLE FACE
ELLE ET LUI

Indicate in the grid below the extent of information given, by placing one tick for each statement.

		FALSE	TRUE	UNCERTAIN
a	The shop sells clothes for men and women			
b	It is the winter season			
c	The shop will clean clothes for you			
d	The shop will mend clothes for you			
e	There is a free car park			
f	Credit facilities are available			

R18 *Here are four commonly held misunderstandings about alcohol.*

Idées Fausses

L'alcool donne des forces.
L'alcool réchauffe.

Boire, c'est être un homme.
L'alcoolique, c'est l'autre.

a What is mistakenly claimed about the advantages of alcohol? (2 things)

b How does it seem attractive particularly to men?

c According to the statement, who is the person affected by drinking too much alcohol?

✳ R19   *This article deals with the serious problem of fatal road accidents.*

2 382 Jeunes Tués dans la rue

2 382, c'est le chiffre, pour 1983, des accidents mortels, pour ce qui concerne les seuls piétons et cyclistes, entre six et quinze ans. Or les enfants de moins de quinze ans représentent 20,7% de la population totale. Les accidents d'enfants sont plus nombreux en milieu urbain.

Les lieux dangereux sont la proximité du domicile (au cours des jeux) et le chemin de l'école, les rues calmes à passage automobile peu fréquent, et les rues larges à circulation dense où la vitesse du trafic nécessite une décision rapide.

Comme on peut s'y attendre, les jours de fréquentation de l'école sont deux fois plus dangereux que les jours de congé, avec une tranche horaire à haut risque entre 16h et 19h.

a   Who are the victims of the accidents covered in this report?

b   In which kind of environment do most of these deaths occur?

c   Before specifying the kinds of street which present the greatest risks, the text implies two frequent children's activities that lead to accidents on the roads. What are they?

d   How is the traffic-flow different in the two kinds of street mentioned?

e   What does the report state about the varying risks on different days and at certain times?

R20   *This advert appears in a local Lyon publication.*

a   For what kind of people would this shop be of interest?

b   When is a technician on hand to sort out problems?

CORAMA
la caverne
d'Ali Baba
du bricoleur

51, cours Vitton
69006 Lyon
Tél. 89-06-35

possibilité
de monter
vos kits
à l'atelier
en présence
d'un technicien
le mercredi
et le samedi

✱ R21   *As you are interested in Third World issues, you look closely at the information about this organisation.*

SILO DÉVELOPPEMENT – SOLIDAIRE

Silo Développement – Solidaire est une association créée en octobre 1981 par: le secteur développement du Secours catholique; le secteur développement des Unions chrétiennes de Jeunes Gens; L'AMANA – Hommes et Migrations. Elle a pour objectif la sensibilisation et la formation du grand public à toutes les questions «Tiers-Monde et Développement».

Les activités
● des week-ends «premier contact»
● des week-ends d'approche sur un pays
● des sessions d'étude d'une durée de 4 ou 5 jours
● un bureau d'Information et de Documentation, où l'on trouve livres et revues spécialisés. Le bureau produit également des «Cahiers d'Information» bimestriels, disponibles au numéro (25,80 F) ou à l'abonnement (142,00 F)
● une animation locale: sur demande, Silo peut détacher un animateur qui viendra aider à l'animation dans le cadre d'un établissement scolaire, à un week-end de formation d'animateur ou à la mise en place d'un groupe «Tiers-Monde» local.

a How much would you have to pay for a copy of the bi-monthly publication?

b How long do the study courses last?

c Give examples of possible activities of Silo's local officers.

d What can be consulted at the organisation's office?

R22   *On a wall in the street, you see this notice:*

a Why is the notice there?

b What is it asking people not to do?

R23 *Looking for bargains, you are always attracted by sales. You notice this announcement:*

SOLDES
dans tous les rayons

MOBILIER	COUTURE GRANDES MARQUES
Canapé à partir de **3 000 F**	**Costume** à partir de **795 F**
Table basse à partir de **1 000 F**	**Tailleur** à partir de **795 F**
Table salle à manger à partir de **2 500 F**	**Robe** à partir de **300 F**

CLUB des 10
43, rue du Fg Saint-Honoré - Paris 8ème
(Fond de cour - 3ème étage) du mardi au samedi de 10h à 18h

a Name two of the garments advertised in the sale.

b Where exactly would you find the shop?

c Apart from Sunday, on which day does the shop not open?

d What is the difference between the two tables advertised?

R24 *You see this announcement for a road-safety campaign.*

SÉCURITÉ

Appendre la rue aux enfants

*Trop d'enfants
sont victimes d'accidents de la circulation.
La Prévention routière
lance une campagne pour sensibiliser les jeunes
et leurs éducateurs aux dangers de la rue.
Entre autres moyens,
elle a réalisé un dossier spécialement conçu
pour les écoles.*

a What has prompted the Prévention routière to launch the campaign?

b What documents have they produced?

R25   *Rather hungry, you are delighted when you come across this restaurant.*

a What country's specialities will you find here?

b What entertainments are provided for diners?

c What do the management recommend?

EL CORDOBA

28, RUE DU BOEUF - VIEUX - LYON

Tous les soirs, dîners dansants, avec toutes les spécialités espagnoles et des vins de pays ; de l'ambiance et des attractions qu'Enrique IBANEZ fait venir d'Espagne avec des chanteurs et danseurs flamenco.

NOTRE SUGGESTION :
avant de déguster notre excellente paella, prenez l'apéritif au « club pétanque » dans notre cave, en dégustant une bouteille « diamant bleu » de HEIDSIECK & Co. MONOPOLE.

---

* R26   *As you buy some clothes during your visit to France, you are relieved to find that washing and cleaning symbols are explained in this pamphlet.*

TEXTILES

Les symboles d'entretien figurant sur l'étiquette des articles textitles signifient:

 Article pouvant être lavé à la température de 60°C maximum

 Article pouvant supporter une température de repassage de 150°C maximum. S'il n'y avait qu'un seul point à l'intérieur du symbol, la température de repassage serait de 100°C maximum; s'il avait 3 points, la temperature maximum serait de 200°C

 Article pouvant être nettoyé à sec

La lettre A dans le cercle indique que le nettoyage à sec peut être fait avec tous les solvants courants; la lettre P, tous les solvants sauf le trichloréthylene; la lettre F, que seuls sont utilisables les essences minérales et certains solvants fluorés.

a  What does this label indicate?

b 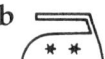 How is the figure of 150°C relevant?

c What difference would there be in the symbol if the figure was 200°C?

d How would it be different if 100°C was the maximum?

e How would you clean an article which carried this label?

f Which of the three letters A, F or P is the most restrictive for cleaning agents?

g Which letter gives the most freedom?

R27 *This magazine for teenagers ran a series of profiles of members of a family giving their impressions of their life.*

Marie-Lise, 46 ans, chercheur en agronomie

DE LA CORRÈZE À LA BANLIEUE PARISIENNE

Marie-Lise, c'est la fille aînée de Martin et Denise. La fille partie toute jeune poursuivre ses études à Brive, puis à Bordeaux et à Paris. Aujourd'hui, mère de trois garçons, Thierry, Stéphane et Frédéric, et chercheur en agronomie dans un centre de la région parisienne, on a du mal à l'imaginer petite fille dans la ferme de Corrèze. Et pourtant. Sa vision de la famille reste marquée par ce passé et ces traditions rurales: *«J'aime bien cette vieille notion de la grande famille qu'on trouve à la campagne. Moi, je souffre un peu en ville de la famille trop petite... Chez nous, on était dix à table tous les jours, six enfants et deux couples, parents et grands-parents... Je garde le souvenir d'une espèce de nid chaleureux, finalement, bien qu'un peu pesant pour moi, car j'étais l'aînée et je devais veiller sur mes sœurs qui étaient juste après moi, et ça, c'était vraiment difficile...»*

«JE TRAVAILLE 5 FOIS MOINS QUE MA MÈRE!»

Assez vite, Marie-Lise prend goût aux études et peut continuer jusqu'au lycée et à l'Université, grâce aux allocations familiales et aux bourses: *«Ça aussi, c'est le truc traditionnel à la campagne. L'institutrice qui dit aux parents:* «Ah! il faut qu'elle continue » *... Alors j'ai été à la petite ville d'à-côté, à 5 km, et puis pareil après le brevet... En un sens, j'ai de la chance d'être une fille, parce que si j'avais été un fils ainé, je serais certainement restée travailler avec mon père... Maintenant, je travaille, mais je suis consciente de travailler cinq fois moins que ma mère! Parce qu'elle a eu une vie de travail absolument dingue! Quand j'ai gagné ma vie, je lui ai acheté sa première machine à laver. Avec six enfants, elle a lavé à la maison le linge de dix personnes pendant des années. Et puis, elle travaillait aux champs et elle faisait de la couture, du tricot, jusque tard dans la nuit... Alors les femmes d'autrefois, elles travaillaient!»*

a Marie-Lise is
  (*a*) studying and living in Brive.
  (*b*) living and working in the Corrèze.
  (*c*) living and working in the Paris area.
  (*d*) always travelling between Brive, Bordeaux and Paris.

b She has
  (*a*) three sons.
  (*b*) six children.
  (*c*) an elder sister.
  (*d*) an enormous family.

c She thinks she is lucky
  (*a*) to have been a school teacher.
  (*b*) to have been to University.
  (*c*) to have been a girl.
  (*d*) to have been only 5 kilometres from home.

d Her mother
  (*a*) had to buy Marie-Lise her first washing-machine.
  (*b*) had to work five times as hard as Marie-Lise.
  (*c*) never worked in the fields.
  (*d*) had six servants.

R28   *Your interest in music draws your attention to this list of forthcoming concerts in Chartres.*

32 ème FESTIVAL
DES SAMEDIS MUSICAUX
DE CHARTRES

10 septembre : Quintette à vent de Paris
Rameau, Vivaldi, Rossini, Milhaud, Ibert
Salle à l'italienne du Musée des Beaux Arts.

17 septembre : Trio Claude Bolling, piano, contrebasse, batterie
Piano Jazz Trio
Collégiale Saint-André

24 septembre : Trio à cordes français, violon, alto, violoncelle
Beethoven, Roussel, Mozart
Salle à l'Italienne du Musée des Beaux Arts

1er octobre : Nadine et Leslie WRIGHT, piano à quatre mains et
Quatuor de France, quatuor à cordes. Hommage à Johannes Brahms
pour le cent cinquantenaire de sa naissance (valses, danses hongroises, quatuor op. 25)
Salle à l'Italienne du Musée des Beaux Arts.

8 octobre : Pupitre 14, Orchestre de chambre
Rossini, Bach, Mozart, Schubert, Ravel
Cellier de Loëns

15 octobre : Ensemble vocal "A PIACERE" sous la direction de
Marie Claire COTTIN.
Hommage à Jean-Philippe Rameau pour le tricentenaire de sa
naissance.
Cellier de Loëns

22 octobre : Marc LAFORET, piano
Mozart, Debussy, Chopin
Salle à l'Italienne du Musée des Beaux Arts

Prix des places
45 F "réservées-numérotées" (en nombre limité) et 35 F
Réduction de 10 F (soit 35 f et 25 F) pour les jeunes de moins de 25 ans, les
groupes d'au moins 10 personnes, les membres d'Associations Musicales
et du Centre Universitaire Chartrain des Retraités (sur présentation de leur
carte de l'année).

Abonnements, 245 F places "réservées-numérotées"

Vente des billets
À partir du lundi précédant chaque concert à l'Office de Tourisme devant la
cathédrale. Tél. (37) 21 54 03

a   The three-hundredth anniversary of the birth of a famous French composer is being celebrated on
(*a*) 24 September.
(*b*) 15 October.
(*c*) 17 September.
(*d*) 22 October.

b   Payment of 35 francs would cover
(*a*) a reserved seat for anyone.
(*b*) entry for a group of 10 people.

(*c*) a reserved seat for a student or a member of a group, or an unreserved seat for anyone else.
(*d*) a season ticket for the whole series.

c   There are three concerts where you can be sure of hearing
(*a*) a trio.
(*b*) piano music.
(*c*) a chamber orchestra.
(*d*) a wind quintet.

R29   *This is part of an advert for Rodin's store.*

LE PREMIER MAGASIN DE TISSUS, A DROITE, EN REMONTANT LES CHAMPS-ÉLYSÉES...

SOLDES D'ÉTÉ

le bazar à tissus, le plus chic, le plus grand, le plus étonnant.

a   How would you find this drapery store if you were going up the Champs-Elysees?

b   What is the event advertised here?

c   What does the shop claim about itself?

R30   *At an exhibition of modern technological advances, you find this information next to a model of the TGV train.*

LES SUCCÈS DU TGV

Inaugurée en septembre 1981, la ligne à grande vitesse Paris-Sud-Est est empruntée par les TGV qui, à 270 km/h, relient en 2 heures Paris à Lyon. Au-delà, c'est près d'une trentaine de villes qui sont desservies par ces «trains de l'an 2000». Réussite technique, le TGV est aussi une réussite commerciale: plus de 15 millions de voyageurs l'ont emprunté en 1983, et l'on songe maintenant à d'autres TGV.

a   How many towns and cities in France are served by the TGV?

b   What is the effect of the high number of passengers?

R31   *At the exhibition of technology, Arok is on show!*

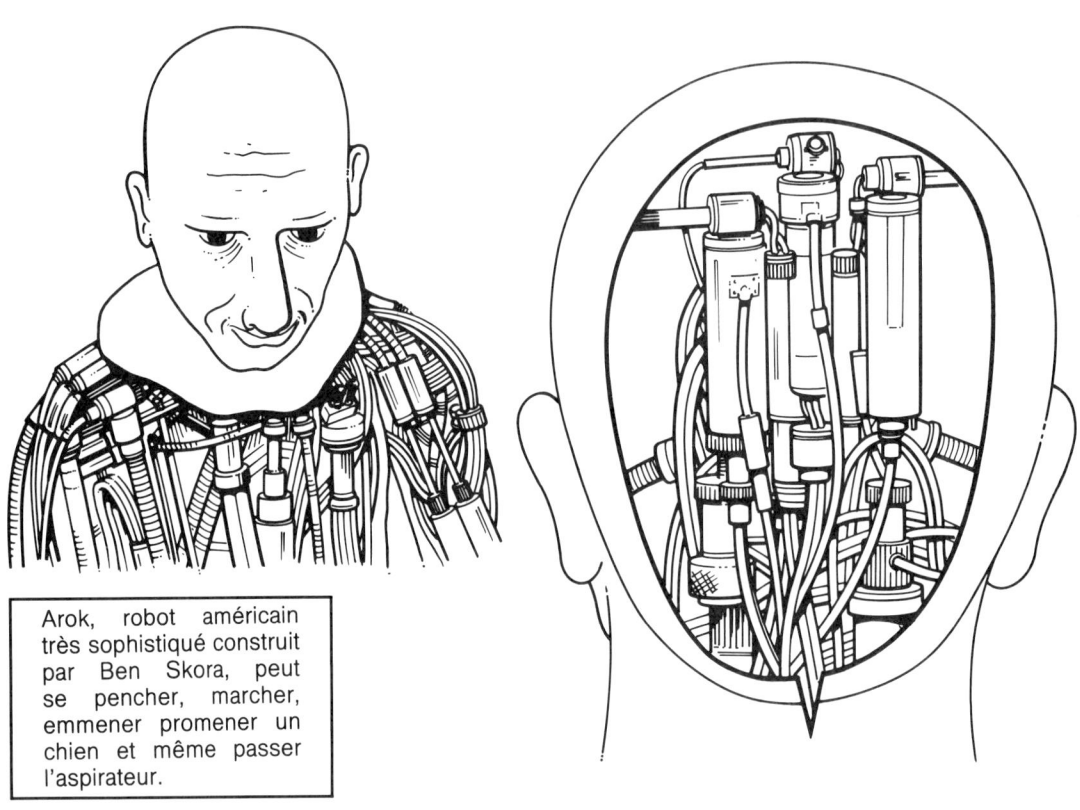

Arok, robot américain très sophistiqué construit par Ben Skora, peut se pencher, marcher, emmener promener un chien et même passer l'aspirateur.

Tick the statements that are confirmed by the text.

		Yes	No	Not enough information
a	Arok was made in France			
b	Arok was made in America			
c	Arok can cook			
d	Arok can walk the dog			
e	Arok can walk			
f	Arok can run			
g	Arok can operate a vacuum			
h	Arok's other names are Ben Skora			

R32   *A system for suntanning is being advertised here.*

a   In which other European country has this product been tested already?

b   Name two things it is claimed not to do.

c   How would you describe the exact position of the shop?

R33   *Here is a news item that appeared in the French press recently.*

LES HÔTESSES EN BLEU ET JAUNE

Les hôtesses de la Poste ont un nouvel uniforme. Elles sont 250 à recevoir la tenue jaune vif et bleu roi, qui vont les identifier aux couleurs des PTT.

Créé par le styliste parisien Ruven Feder, le nouvel uniforme comporte deux tenues. Pour l'été une robe confortable. Pour l'hiver un costume droit tout bleu, plus strict. «*Une tenue qui me plaît par ses couleurs vives*» confie Sophie Purrin, hôtesse au bureau de Paris 109.

La DGP compte aussi des hommes de l'accueil, quatorze «hôtes» qui pour l'instant n'ont pas encore d'uniforme.

		True	False
a	The uniforms are worn only by women.		
b	The main colours are bright blue and deep yellow.		
c	The colours are those of the PTT.		
d	Ruven Feder comes from Paris.		
e	The winter uniform is the same as the summer style.		
f	Sophie Perrin is a Paris designer.		
g	She likes the colours of the new uniform.		
h	Fourteen men hold similar jobs.		

R34   *You are looking for an unusual gift and you see this advertisement, which seems to suggest an interesting possibility.*

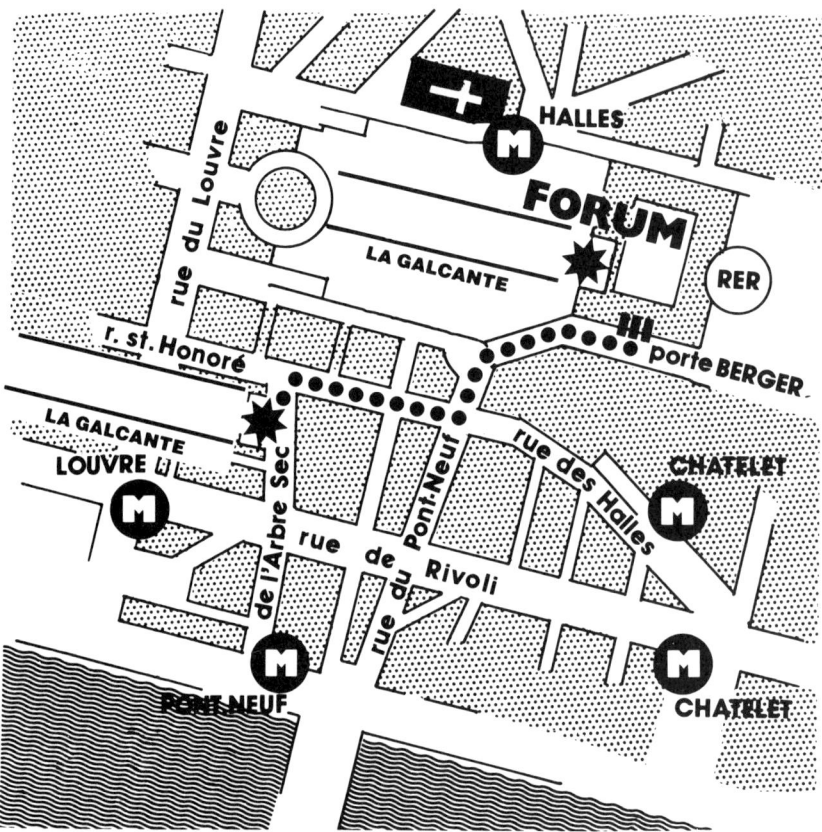

offrez·lui le journal du jour
de sa naissance

Mboutique du **P**
MUSEE DE LA **P**RESSE

LA GALCANTE
43, rue de l'arbre sec, 75001 Paris
260.12.65 · 260.83.14

Forum des halles
Boutique 101, Niveau 1, Porte Berger

a   What is being advertised here?

b   What is the significance of the dotted line on the map?

R35 *You see this notice fixed next to a fountain.*

LE LAVAGE DES
VEHICULES
EST FORMELLEMENT
INTERDIT
A LA FONTAINE

What is it prohibiting?

R36 *The Maison Familiale described below is run by a non-profit-making organisation.*

Maison Familiale «La Closerie des Djinns», 14990 Bernières-sur-Mer. – Tél.: 97.93.06

SITUATION

La Maison Familiale est située en plein centre de Bernières, en face de l'église, à 300 mètres de la plage, entrée face au porche de l'église.

Précédée d'un jardin fleuri, ombragé de grands arbres, elle est suivie d'un terrain de jeux, abrité des grands vents du large.

CAPACITÉ D'ACCUEIL

100 enfants ou 60 adultes.

ACCÈS

Par le train: gare S.N.C.F. de Caen, puis prendre un car Caen-Bernières. Descendre à l'arrêt de l'église.

Par la route: Bernières est situé sur la R.N. 814 qui est aussi la route des plages du Débarquement.

Quarante chambres réparties en quatre pavillons. Les familles de 5 personnes peuvent disposer de petits appartements de deux chambres dans la mesure des places disponibles. Possibilités de biberonnerie et de repassage, salle à manger commune,

salle de jeux, de télévision, de réunion d'activités, terrain de jeux aménagé, boulodrome
et parc à voitures.

ENVIRONNEMENT

Nombreuses excursions à proximité: plages
du Débarquement, Bayeux (tapisserie),
Caen (monuments), etc. . . Découverte du
milieu marin, pêche à pied. . .

UTILISATION

La «Closerie des Djinns» est ouverte toute
l'année, mais pendant les mois de juillet et
août, elle ne reçoit en principe que des
familles avec enfants. En dehors de la
période estivale, elle accueille des stages,
des séminaires, des séjours de groupes,
etc. . .

a   Describe how to find the Maison Familiale.

b   How can you reach there by public transport?

c   How is the accommodation set out?

d   Name six of the facilities available.

e   Whom does the Maison Familiale provide for in the summer months?

f   Which kind of residents does it welcome at other times of the year?

R37   *You are presented with this list of places to eat, and can ponder over the possibilities.*

LE PETIT BOURG Centre commercial de la Part-Dieu, ✆ 60.39.52.

Une petite bouffée d'air frais dans un bloc de béton.

LA CAFÉTÉRIA LAFAYETTE La Part-Dieu, Niveau 3,3^e Ouvert de 11 h à 21 h 30. Fermé le dimanche.

Un self-service très bon et pas cher; très pratique lorsque vous faites vos courses à la Part-Dieu.

LE BISTRO PERRACHOIS 26, Cours de Verdun, 2e, ✆ 42.16.91. Pas de fermeture. Menus: 22 F, 33 F, 39 F, 54 F. Service toute la journée et le soir jusqu'à 2 h.

Une bonne adresse: cuisine mais bonne; service rapide; pratique.

L'HELVÉTIE 4. bd des Brotteaux 6e, ✆ 24.38.18. Fermé le dimanche. Menu: 30 F. Ouvert jusqu'à 1 h du matin.

Un service rapide qui permet d'expédier votre déjeuner; une cuisine simple mais d'une qualité irréprochable. Des desserts appétissants. Clientèle pressée d'hommes d'affaires et d'habitués.

COFFEE SHOP 1. quai des Célestins, 2e, ✆ 37.41.80. Fermé le dimanche. Service jusqu'à minuit. 18 F le plat du jour.

Une pizzeria au premier étage.

Show on this grid these possibilities, by ticking in the appropriate place.

		Caféteria Lafayette	Bistrot Perrachois	L'Helvétie	Coffee Shop
a	Open on Sundays				
b	Especially suitable for shopping trips				
c	Good for sweets				
d	Open after midnight				
e	Simple cooking				

 R38   *If you were to find an injured bird, this advice should be carefully followed.*

Oiseau blessé. . . que faire?

Vous trouvez un oiseau en détresse. . . Que faire?

les premiers secours
Enveloppez-le dans un tissu épais, si c'est un gros oiseau, pour le manipuler, et couvrez-lui la tête. Vous serez protégé et il se débattra moins.
Enfermez-le dans un carton le plus tôt possible, prévoir quelques trous pour laisser passer l'air; jamais dans une cage où, affolé, il aggraverait son état. Gardez ce carton dans un local clos et tempéré.

N'exibez pas à tout propos votre trouvaille, chaque manipulation aggrave son état.

les premiers soins
Immobilisez sommairement une aile fracturée, en la tenant en position naturelle le long du corps avec du scotch (proscrire le sparadrap indécollable sur les plumes).
Désinfectez la plaie avec de l'eau oxygénée ou tout autre antiseptique. Ensuite, les autres soins. . .

Ne le forcez pas à boire, il avalera de travers.

---

a   How does the text suggest you hold an injured bird, if it is large?

b   What reason is given?

c   Where should you put the bird?

d   Give an example of the first aid you should administer.

e   What must you not do?

 R39   *In the competition between road and rail, there is always much argument, some of which is shown here.*

économe d'espace

Le train est un mode de transport qui «consomme» relativement peu d'espace. La superficie occupée par les infrastructures de son réseau est modeste, compte-tenu du volume du trafic que ce réseau autorise.

Le gain de place considérable que permet le chemin de fer vient d'abord de ce que la circulation des trains en site propre et le guidage des roues par les rails permettent en toute sécurité des croisements de véhicules à 60 cm les uns des autres. L'espace utilisé lors de l'établissement des voies peut, de ce fait, être réduit. A titre d'exemple, une double voie ferrée de 13 m de largeur a un débit horaire de 20 000 voyageurs, nettement supérieur à celui d'une autoroute à 4 voies d'une largeur double; elle peut assurer un trafic de marchandises comparable à celui d'une autoroute à six voies. «Le chemin de fer peut transporter jusqu'à 50 000 personnes à l'heure par voie, alors qu'une autoroute à deux fois trois voies assure le déplacement d'environ 8 000 personnes par sens de circulation. Or l'emprise au sol de l'autoroute est trois à quatre fois celle de la ligne ferroviaire».

On a pu calculer aussi qu'à la Gare Saint-Lazare à Paris, le trafic avec la banlieue atteignait aux heures de pointe 40 000 à 50 000 voyageurs par heure. Pour atteindre le même débit avec un transport par voitures individuelles, il faudrait construire jusqu'au cœur de la capitale une autoroute à 40 voies. Et pour faire stationner des centaines de milliers d'automobiles supplémentaires il faudrait pratiquement raser tout l'arrondissement afin d'y construire des parkings!

A Which of these statements is correct, according to the text?
-   (a) A railway as wide as a 4-lane motorway can carry just 20,000 passengers an hour.
-   (b) A railway 13 metres wide can carry the same number of passengers per hour as a 6-lane motorway.
-   (c) A railway can carry 50,000 passengers per hour in each direction.
-   (d) A railway takes up half the space of an equivalent motorway.

B What is the traffic flow at the Gare Saint-Lazare?

C What would the necessary road construction be to reach the same figure?

D How would the car-park construction affect the area?

R40   *There seem to be more bargains available here.*

a   Give the period of the Cyrillus sale.

b   How many shops are there in the firm?

c   For which range of customers do they cater?

Cyrillus **enfants et adultes**

SOLDES du 15 juin au 15 juillet

8, rue Chanez, Paris 16ᵉ. Tél. : 651.30.32
11, avenue Dusquesne, Paris 7ᵉ. Tél. : 705.99.19
83 bis, Grande-Rue, 91360 Épinay-sur-Orge. Tél. : 448.72.83

R41 *A women's magazine in France showed how the expectations and rights of women in France have changed in fifty years.*

La femme en 1935

ELLE DOIT

● Obéir à son mari, habiter chez lui, le suivre partout où il jugera bon de résider. Si elle refuse, il peut faire séquestrer ses revenus.

ELLE NE PEUT PAS

● Exercer une profession commerciale ou non commerciale, obtenir un carnet de chèques, un passeport, une carte d'identité, passer un examen, placer de l'argent, acheter un bien avec ses revenus propres, etc., sans l'autorisation écrite signée de son mari.
● Travailler la nuit
● Être ministre, préfet, pilote, militaire, etc.
● Rentrer dans la majorité des grandes écoles (Polytechnique, H.E.C.).
● Partir à l'étranger si son passeport ne comporte pas l'autorisation signée de son mari.
● Voter
● Avoir des droits professionnels si elle est femme de commerçant d'artisan ou d'agriculteur: elle est jugée sans profession même si elle participe quotidiennement à l'affaire familiale.
● Choisir le mode d'éducation de ses enfants.

ELLE PEUT

● Avoir un livret de caisse d'épargne sans l'assistance de son mari et retirer de l'argent, sauf opposition du mari.
● Aller à l'école primaire, secondaire, se présenter au bac.
● Faire ses études de médecine, de droit, de lettres, aller aux Beaux-Arts, à sciences po, préparer l'École vétérinaire, Centrale.
● Être servante, employée, secrétaire, ouvrière, médecin, avocate, artiste, vétérinaire, institutrice, etc.

La femme en 1985

ELLE DOIT

● Assurer avec son époux la direction morale et matérielle de la famile en exerçant en commun l'autorité parentale.
● Signer conjointement avec son époux la feuille d'impôt.
● Être responsable avec son mari des dommages, causés par ses enfants.

ELLE PEUT

● Exercer librement la profession de son choix (commerciale ou non), ouvrir un compte en banque, obtenir un passeport, une carte d'identité, acheter ou vendre des biens mobiliers avec son argent, gérer ses propres biens, aller en justice, sans autorisation du mari.
● Vivre dans un autre logement que celui du mari sans pour autant porter atteinte à la communauté de vie.
● Choisir en commun avec son mari le domicile conjugal.
● Être responable des dettes de son mari lorsque celles-ci concernent le ménage et l'éducation des enfants.
● Suivre exactement les mêmes études que les garçons (mixité de l'enseignement).
● Se présenter aux concours dans la fonction publique.
● Rentrer dans toutes les grandes écoles de commerce, d'ingénieurs, militaires, etc.
● Exercer tous les métiers comme ceux de pilote de ligne, commissaire-priseur, chauffeur de poids-lourds, plombier, etc.
● Accéder à tous les postes dans la fonction publique et l'administration: ministre, préfet, doyen de faculté, commissaire de police, etc.
● Voter et être élue (député, sénateur, parlementaire européen, etc.)
● S'absenter pour garder ses enfants malades (le père aussi).
● Prendre seize semaines de congé maternité jusqu'à vingt-six semaines pour le troisième enfant si elle est salariée, vingt-huit jours si elle est agricultrice, commerçante et artisane, professions libérales.

Complete the table below, by placing a mark *in each box*. If the activity mentioned was permitted in the year heading the column, mark with a tick. If the activity was not permitted, mark with a cross. If the activity is not mentioned for that year, or there is insufficient information, mark with a question mark.

Activity	1935	1985
a Voting in elections		
b Obtaining a passport without husband's permission		
c Working at night		
d Going to secondary school		
e Being employed as a heavy goods vehicle-driver		
f Having a cheque book without husband's agreement		
g Right of absence to look after sick children		

R42   *As you are interested in new technology, this advertisement catches your eye.*

a   What product is being advertised?

b   Why would you telephone the number shown?

c   How much would the call cost?

Les ordinateurs VAX de Digital: une informatique à votre mesure. Extensible à l'infini. Pour que l'entreprise puisse croître sans limite.

Pour recevoir notre dossier d'information sur la famille VAX, appelez notre  16.05.33.20.00 ou écrivez à

Digital Equipment France, Département Communications Marketing. 2, rue Gaston Crémieux – BP 136 – 91004 Evry Cedex.

digital

N°2 mondial de l'informatique

* R43   *An interest in natural history would help in appreciating this fascinating item about Australian termites.*

LE TERMITE, EXPERT EN CLIMATISATION

Dans les steppes d'Australie brûlées par le soleil, les termites ont établi leur royaume.

Les demeures – parfois hautes de 5 mètres et longues de 3 mètres – qu'ils bâtissent à l'aide de terre, de morceaux de bois ou de grains de sable sont rigoureusement orientées nord-sud. Climatisation oblige! Ainsi à midi, le soleil n'irradie qu'une très petite surface du monticule, tandis que le matin et le soir, les rayons viennent frapper les autres côtés. Dans leurs quartiers d'hiver, les termites, très sensibles au rythme des saisons, se tiennent à l'est, le matin et à l'ouest, le soir, trouvant ainsi à chaque moment de la journée la chaleur qui leur convient. S'agit-il d'une simple question de confort? Peut-être pas. Il s'agirait même d'une question de survie pour certains groupes de termites évolués. Si les ouvrières s'attachent à bâtir des demeures harmonieuses, c'est avant tout pour que la reine à tout moment soit ventilée et maintenue à température constante. Sans cette condition impérieuse, elle cesse de remplir son office de pondeuse. . . et c'est la mort du groupe.●

Monticule   mound
pondeuse   egg-layer

a   Describe the termites' home, in terms of size and material.

b   Why are they constructed following a certain axis?

c   What change in habits do the termites observe in the winter months?

d   What specific reason for this behaviour is suggested?

R44   *This extract from the history of fashion has a particular relevance to the clothing industry today.*

C'est le prêt-à-porter, débutant en 1960, qui a aidé à populariser la grille des couturiers parisiens dans le monde entier.
De plus, à la Haute Couture ont été ajoutées des licences commerciales pour les parfums, lunettes, ceintures, bijoux, bagages, parapluies, chapeaux, vêtements pour hommes, pour le sport ou les loisirs.

a   Which major development in the fashion industry dates from 1960?

b   Make a list in English of as many items as you can that are listed as subject to licence for 'designer' labels.

 R45   *The training of bus staff in Paris is very carefully organised, as this article describes.*

Un métier: chauffeur d'autobus

Pour devenir chauffeur d'autobus à la R.A.T.P., il faut remplir les conditions administratives et d'âge requises pour l'embauche; puis, après avoir passé un examen d'instruction générale, une visite médicale poussée, et subi des tests, si vous faites l'affaire, vous n'avez plus qu'à obtenir le permis de conduire «Transports en commun» après une instruction sévère. Pour cela, la R.A.T.P. dispose, à Créteil, d'une aire de manœuvres où les élèves-conducteurs acquièrent la maîtrise de l'autobus. Ensuite, ils améliorent leur art de la conduite dans la circulation réelle, sous le contrôle d'un moniteur. L'examen est le même qu'ailleurs, avec code et conduite, mais les candidats n'ont droit qu'à deux essais.

Une fois ce permis en poche, le nouveau machiniste est affecté à un dépôt. Pendant une huitaine de jours, il conduira en double, sur ligne, avec un maître-machiniste, et sera parrainé par un instructeur du C.I.P. (Centre d'instruction et de perfectionnement) qui décidera ou non de laisser le nouveau voler de ses propres ailes. . .

Chaque machiniste dépend d'une dépôt qui, en général, assure l'exploitation de cinq à douze lignes. Contrairement à ce que l'on pourrait croire, le machiniste ne «possède» pas «sa» voiture. Il prend celle qu'on lui donne. Son temps de travail se déroule suivant un horaire théorique moyen – ceci à cause des embouteillages – qui va de 6 h 37 en hiver à 6 h 57 en été, cela par jour. Il effectue, en fait, un nombre de rotations (aller et retour entre deux terminus) variable selon la longueur de la ligne. Entre chacune d'elles, s'il n'a pas de retard sur son horaire, il peut bénéficier du temps (5 ou 10 mn en moyenne) prévu pour compenser les éventuels retards. Car, détail amusant, si le retard peut être imputable aux aléas de la circulation, le machiniste ne doit, sous aucun prétexte, être en avance sur son horaire! Inutile de foncer! Évidemment, cela peut sembler amusant de conduire un autobus, mais il ne faut pas oublier que l'on fait toujours plus ou moins le même parcours. Comme le conducteur doit travailler le samedi ou le dimanche (ou ces deux jours successivement), il sera amené souvent à prendre des repos en semaine. . .

Une fois sa journée terminée, si elle coïncide avec l'heure de fermeture de la ligne, il reconduit son autobus au dépôt où il devra, avant de le quitter, faire le plein pour le lendemain.

J'ai peur, Georges!

A In the RATP's training for bus drivers, trainees
   (a) do not drive in full traffic.
   (b) are instructed for the special licence.
   (c) have four chances to pass the test.
   (d) take a test specially constructed for Paris.

B After qualifying, the driver
   (a) serves a week's familiarisation with an experienced driver.
   (b) drives twice as much as a normal employee.
   (c) has to carry his/her permit in his/her pocket at all times.
   (d) is given a choice of depot to work from.

C A driver
   (a) works on five to twelve different routes.
   (b) always drives the same vehicle.
   (c) starts work twenty minutes earlier in the winter than in summer.
   (d) always works the same number of journeys each day.

D As part of the conditions of the job, an RATP driver
   (a) is always given Saturdays off.
   (b) is allowed to be ahead of schedule.
   (c) has to fill the fuel tank at the end of the day.
   (d) is never allowed a free Sunday.

R46   *In this advertisement, the maker's thoughts about the product are quoted.*

"J'ai créé Drakkar Noir pour habiller le noir d'un parfum. Je dédie cette collection de rasage à tous les hommes qui, comme moi, ont la passion du noir, de son absolu et de son mystère."
  Guy Laroche.

a What colour would you expect the packaging of this product to be?

b Who is it for?

c In connection with what activity is it likely to be used?

* R47   *In order to have some evening entertainment while you eat, you check through the details of these establishments.*

a   If you went to the «L'Âne Rouge» what change in service would you expect at 10.30 pm?

b   Who is a very good singer?

c   What is Barnabé's speciality?

d   Which establishment can accommodate party bookings?

e   What kind of entertainer is Alex?

f   What atmosphere are you encouraged to expect in both these restaurants?

RESTAURANT - COMPTOIR - CAF' CONC'

« L'ANE ROUGE »

11, rue Juiverie - Vieux Lyon - Tél. **27.01.03**

Dès 20 h 30 : Dîner-Spectacle - Cocktails et menus soignés. A partir de 22 h 30 : Consommations - Spectacle

ALAIN BARAIGE
Le pianiste
« ANE ROUGE »
Jazz - Rag-time...

CHARLES VALOIS
« Histoires par dessous la jambe »

ANDRÉ BLANC
Chante : un très grand talent

OUVERT LE DIMANCHE

Interdit aux TRISTES !...

BARNABÉ *vous propose deux petites « boîtes à chansons » comme il n'y a guère qu'à Paris, des soirées pas comme les autres !...*

SÉRIEUX S'ABSTENIR !
UNIQUE A LYON

« L'HOPITAL »

Restaurant - Animation - Spectacle

angle rue d'Algérie, rue Grobon (Terreaux)
Tél. **28.50.52**

Accueil de groupe et de société (80 personnes)

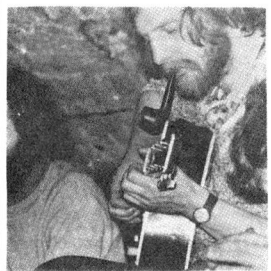

BARNABÉ
Enfin ! à la guitare, le grand maître de la chanson gauloise et des chansons d'ambiance.
Et tous les amis musiciens de passage.
C'est vraiment le RIRE, l'AMBIANCE et la TABLE !

PIANO
Un excellent et joyeux pianiste.
Des chansons cocasses.

ALEX
Histoires légères, sketches hilarants, le meilleur fantaisiste lyonnais.

R48 *In order to reduce accidents in the home and to increase understanding of electricity among young people, EDF (Electricité de France) issued these cartoon stories.*

A QUOI SERT DE CONNAITRE L'INTENSITE DU COURANT DANS UN APPAREIL?

1ʳᵉ HISTOIRE: Nadine veut aider sa maman, mais elle ne connaît rien à l'électricité.

2ᶜ HISTOIRE : L'instituteur de Nicole lui a fait un cours sur l'électricité.

Look carefully at these two stories, and answer these questions:

a Who checks the rating of the appliances before deciding what action to take?

b What is the cause of Nadine's difficulty?

c Why do the mothers need extension leads?

d Why does Nicole reject the use of her bedside lamp's flex?

e How has Nicole received her knowledge about electricity?

R49 *You decide to visit the Musée de la Marine in Paris, and check their leaflet before you go there.*

a What are the opening and closing times on:
(*a*) winter Mondays?
(*b*) Tuesdays?
(*c*) Sundays?

b How do groups obtain half-price entry?

c Give two examples of people who can enter free of charge.

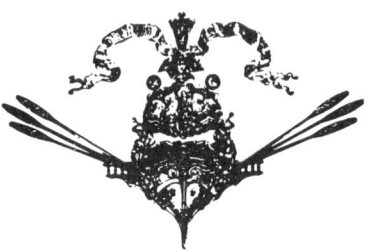

MUSEE DE LA MARINE
LE MUSEE EST OUVERT TOUS LES JOURS DE 10 h A 17 h
(A 18 h DU 2 MAI AU 15 OCTOBRE)

(sauf les mardis et les jours fériés)

L'ouverture est prolongée

tous les dimanches jusqu'à 18 h

Tarif d'entrée : 3 F

Demi-tarif : Militaires en civil; mutilés de guerre; familles nombreuses;
groupes touristiques sur demande écrite, quinze jours à l'avance.

Gratuité : Militaires en uniforme; enfants de moins de 5 ans; **Amis des
Musées** : de la Marine, de l'Armée, Carnavalet et Cernuschi.

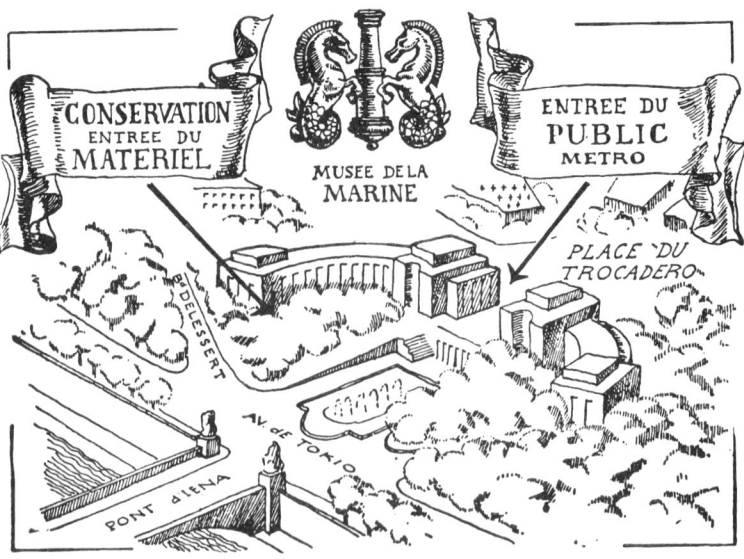

R50

If you need to make use of the Post Office services on a Sunday, you will have to check the times of opening and the services available.

Même le dimanche.

Tous les jours

La plupart des 18.000 bureaux de Poste sont ouverts toute la journée et jusqu'à 19 h en ville. Egalement le samedi matin.

Le Dimanche en province (service réduit).

● Le bureau situé au chef-lieu du département est généralement ouvert de 8 h à 12 h.

● A Lyon, la recette principale (10, place Antonin Poncet, 2°) est ouverte de 8 h à 24 h. (1).

Le Dimanche à Paris (service réduit).

● Paris Recette principale 52, rue du Louvre : de 0 h à 24 h (1).

● Paris 08 - Annexe 1 - 71, avenue des Champs-Elysées : de 10 h à 12 h et de 14 h à 20 h.

● Orly sud : de 0 h à 24 h (1).

● Orly ouest : de 6 à 23 h (1).

● Roissy Aéroport : de 8 h 30 à 18 h 30 (2).

(1) La semaine aussi.
(2) 6 h 30 à 23 h la semaine.

Show, by placing a tick in the appropriate column(s), to which days these statements refer.

	Mondays to Fridays	Saturdays	Sundays
a Most offices close at 7.0 pm.			
b Orly-Sud is open 24 hours a day			
c The main office in the principal town of a département is open in the morning only			
d Most offices close at 12 noon			
e Lyon main office is open from 8.0 am to midnight			
f Champs-Elysées office closes at lunchtime.			
g Roissy office opens at 6.30 am.			
h Roissy office closes at 6.30 pm.			

 ## R51

Study this chemical explanation and answer the questions.

COMPOSITION CHIMIQUE DES EAUX

Les eaux douces contiennent des petites quantités de sels minéraux de nature très variée, Tous les cours d'eaux contiennent du calcaire dissous. Une eau trop riche en calcaire est une eau «dure».

Les eaux douces contiennent moins d'oxygène que l'air; par contre, elles contiennent plus de dioxyde de carbone (gaz carbonique). Une eau chaude contient moins de gaz qu'une eau froide.

Une eau stagnante contient moins d'oxygène qu'une eau courante.

a What name does the text give to water which is too rich in calcium?

b How does it describe the chemical difference between
(*a*) fresh water and air?
(*b*) hot and cold water?

c How does running water compare chemically with stagnant water?

R52 *A poetry competition has been organised by the magazine* L'Evénement du jeudi, *the television channel TFI and the organisation SOS-Racisme.*

CONCOURS DE POÉSIE

TF1	EVENEMENT DU JEUDI	SOS RACISME

Un grand concours de poésie est ouvert à tous les auteurs d'expression française sur le thème: « *Touche pas à mon ami.* »

Les candidats sont invités à envoyer un poème inédit en langue française de deux feuillets maximum.

Le poème doit être adressé à:
Concours poésie « Touche pas à mon ami »
BP Cedex 1556–75815 PARIS Brune. Date limite d'envoi : 30 juin

Deux prix seront décernés, l'un à un auteur de moins de treize ans, l'autre à un auteur adulte. Les textes des deux lauréats feront l'objet d'une production télévisée sur TF1 et d'une publication dans *l'Evénement du Jeudi.*

Le jury (composé de trois membres de TF1, trois membres de SOS Racisme) se réunira fin août et rendra publics les résultats au début du mois de septembre.

Les textes envoyés ne seront pas retournés.

a Give the main rules of the competition in English. In particular, what are the classes, closing dates and what do entrants have to do?

b When will entries be judged and by whom?

c When will the results be published?

d In what two ways will the winning entries be made better known?

R53   *This is a guide for parents, suggesting suitable toys and games for their children.*

Au-delà de onze ans

Jeux de construction: jeu de construction de tous types. Construction électroniques (radio-commande, récepteurs radio, amplificateurs, récepteurs T.V.).

Jeux scientifiques: Géologie, biologie, chimie, écologie, électricité, optique, informatique.

Maquettes: Avions à moteur à essence. Avion, bateau, auto téléguidées. Maisons, chalets. . .

Matériels destinés à des activités créatrices et artistiques: Tissage. Travail des perles. Tapisserie.

Trains électriques: Accessoires de réseau et d'automatisme.

Circuits automobiles

Jeux électroniques

Jeux de société: Tous jeux de lettres, mots croisés, jeux de chiffres. Jeux de stratégie. Échecs; dames. Cartes. Solitaires. Jeux de société se rapportant à l'actualité.

Puzzles: 500 pièces ou plus.

Jeux familiaux: De type «billard». Baby-foot.

Collections: Voitures, camions ou tracteurs miniatures. Matériel travaux publics. Figurines.

JEUX D'EXTÉRIEUR

Ballons, badminton, jokari, quilles, croquet, golf miniature, tennis de table, raquettes de mini-tennis. Cerf-volants. Arcs. Échasses. Patins à roulettes. Planche à roulettes. Tentes. Maison de toile. Vélo-cross.

---

a For which age-group is the list suitable?

b Which science subjects are mentioned in the group of scientific games?

c What size of jigsaw puzzles is suggested?

Tick against the sports or games mentioned under the heading "JEUX D'EXTÉRIEUR".

d Table-tennis . . .   f Skate-boarding . . .   h Ice-skating . . .

e Volley-ball . . .   g Roller-skating . . .

R54   *This breakdown of the costs involved in making and selling a pair of jeans gives a clearer understanding of the different stages of production and distribution.*

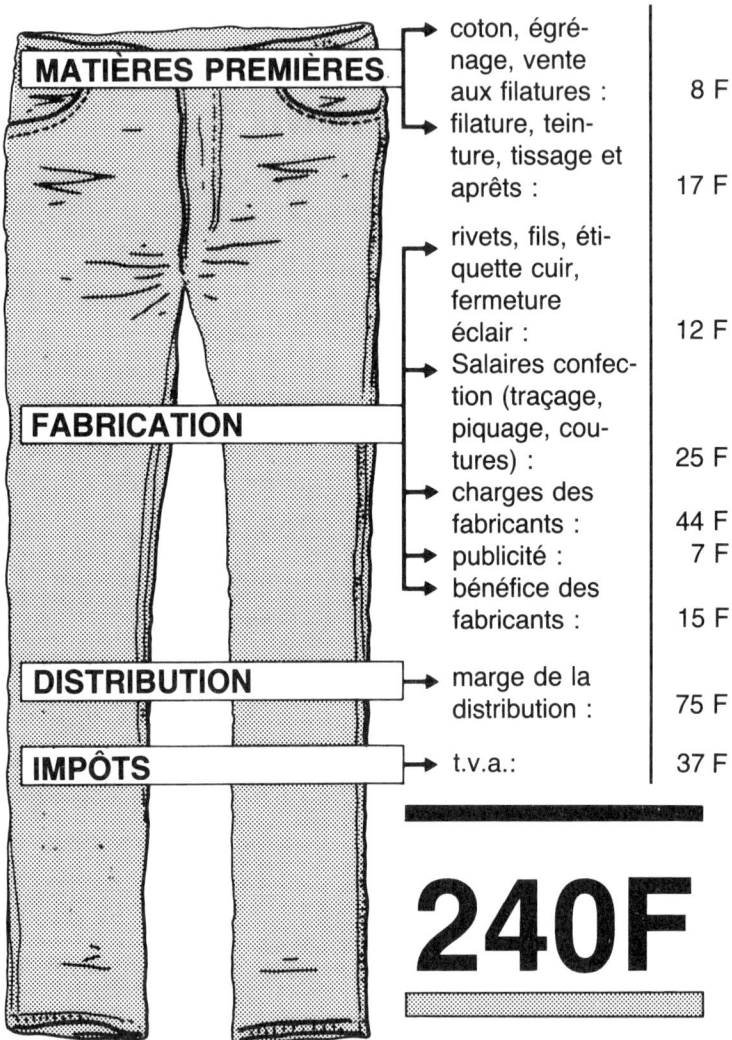

MATIÈRES PREMIÈRES

coton, égré-nage, vente aux filatures :   8 F

filature, tein-ture, tissage et aprêts :   17 F

FABRICATION

rivets, fils, éti-quette cuir, fermeture éclair :   12 F

Salaires confec-tion (traçage, piquage, cou-tures) :   25 F

charges des fabricants :   44 F

publicité :   7 F

bénéfice des fabricants :   15 F

DISTRIBUTION

marge de la distribution :   75 F

IMPÔTS

t.v.a.:   37 F

240F

a   Who receives the largest individual figures of those quoted?

b   What costs the least?

c   What amount goes in Value Added Tax?

d   Name two non-fabric materials on which 5% of the cost is spent.

e   How much does the advertising cost?

f   What are the labour costs involved in making the jeans?

R55 *You see this advertisement for a shop in the local paper.*

What kind of goods would you expect to be able to buy at the shop?

OBJETS - MOBILIER - LUMINAIRES

TEMPS PRESENT

29, cours Lafayette - Lyon 6e
Tél. 52.34.47

**CADEAUX - JEUX D'ADULTES
LISTES DE MARIAGE**

TEMPS PRESENT

---

* **R56** *A consumer test on tennis shoes led to the following general conclusions:*

Tige, cuir ou toile?

Le joueur de tennis choisira une tige en toile ou en cuir. Le cuir est plus lourd, permet en général une moins bonne aération du pied que la toile et devient parfois plus difficile à nettoyer.

En revanche les toiles synthétiques actuelles, de plus en plus utilisées en remplacement des toiles coton traditionnelles, ne présentent plus la mauvaise résistance à l'humidité. Mais les chaussures en toile sont plus faciles à nettoyer. Certaines peuvent même être nettoyées à la machine à laver. Enfin les tiges en toile nécessitent des renforts (en cuir ou en caoutchouc) à l'avant pour ne pas s'user trop vite.

Compare the text with this list of qualities and disadvantages of the various kinds of uppers in the shoes. Tick in the boxes as appropriate where the claim is supported by the evidence in the text.

Leather	Cotton	Synthetic

Heavier than others

Better air circulation

Machine washable

More difficult to clean

Need reinforcement at front

R57 *You see this sign at the roadside.*

a What vehicles are forbidden access?

b Where can they park?

INTERDIT AUX CARS
ET AUX POIDS LOURDS

PARKING SPECIAL

POUR CES VEHICULES

3ème RUE A GAUCHE

R58 *At the Bayeux tapestry, you see this sign giving details of the times of entry.*

a What are the lunchtime arrangements in January?

b When does the museum close in April?

c During which months is there no lunchtime closure?

d What does the entrance on the right lead to?

HEURES D'OUVERTURE:

1er JUIN AU 30 SEPTEMBRE .. 9 ^{h} A 19 ^{h} sans interruption

1er OCTOBRE AU 31 MARS   .. 9 ^{h}A 12 ^{h}. 14^{h}A 18^h

1er AVRIL AU 31 MAI   .. 9 ^{H}A 12 ^{h}30. 14 ^{h} A 18^{h}30

*Le ticket d'entrée á la Tapisserie donne également
droit à la visite du Musée Baron-Gérard.*

BIBLIOTHÈQUE

ENTRÉE ⟶

R59
You see this car sticker.

a What is the campaign it advertises intended to save?

b Apart from ecologists, who else is involved in the campaign?

* R60
In order to help preserve the natural balance, the French government took action in 1960.

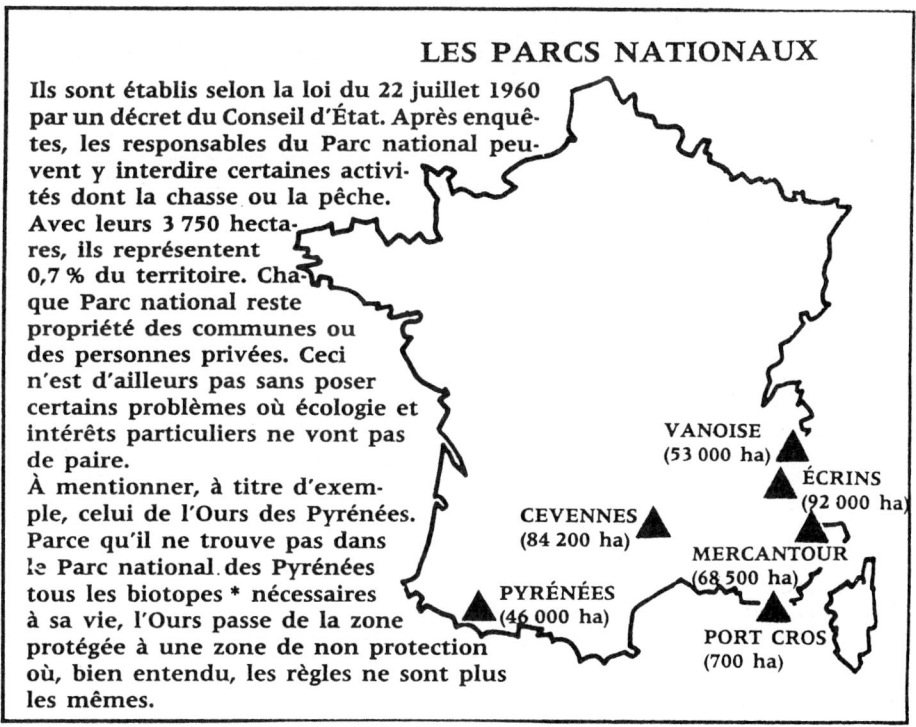

LES PARCS NATIONAUX

Ils sont établis selon la loi du 22 juillet 1960 par un décret du Conseil d'État. Après enquêtes, les responsables du Parc national peuvent y interdire certaines activités dont la chasse ou la pêche. Avec leurs 3 750 hectares, ils représentent 0,7 % du territoire. Chaque Parc national reste propriété des communes ou des personnes privées. Ceci n'est d'ailleurs pas sans poser certains problèmes où écologie et intérêts particuliers ne vont pas de paire.
À mentionner, à titre d'exemple, celui de l'Ours des Pyrénées. Parce qu'il ne trouve pas dans le Parc national des Pyrénées tous les biotopes * nécessaires à sa vie, l'Ours passe de la zone protégée à une zone de non protection où, bien entendu, les règles ne sont plus les mêmes.

VANOISE (53 000 ha)
ÉCRINS (92 000 ha)
CEVENNES (84 200 ha)
MERCANTOUR (68 500 ha)
PYRÉNÉES (46 000 ha)
PORT CROS (700 ha)

a What were set up in 1960?

biotope habitat

b Which two activities are these authorities able to ban?

c Who owns the land in each area?

d How is the brown bear used as an example in this text?

R61   *The major change for telephone users in France, dating from October 1985, is explained in this leaflet.*

Les 8 chiffres mode d'emploi
Comment l'utiliser

A partir du 25 octobre, 23 heures, la France métropolitaine sera partagée en deux zones de numérotation téléphonique, d'une part la région parisienne –Paris, Hauts-de-Seine, Seine-St-Denis, Val-de-Marne, Val-d'Oise, Seine-et-Marne, Essone, Yvelines – d'autre part la province.

Pour appeler un correspondant de la même zone, il suffira de composer les 8 chiffres de son numéro.

Pour sortir de la région parisienne, il faudra passer par le 16 et la sonnerie. Pour y entrer, par le 16 plus le (1).

Pour joindre l'étranger, pas de modifications, ni depuis la région parisienne, ni depuis la province.

Pour appeler la province depuis l'étranger rien ne change.

Par contre, pour appeler la région parisienne, depuis l'étranger il faut passer par le code (1) avant les 8 chiffres du numéro.

Place a tick in the appropriate column of the table for each kind of call.

	Dial. . . the same number as before	8 figures only	1 then 8 figures	16 then 8 figures	16, 1 then 8 figures
a To call someone in the same zone					
b To call Paris from the rest of France					
c To call Paris from abroad					
d To call abroad from Paris					
e To call from Paris to someone in the other zone					

* **R62**   *Cultural differences in family organisation are dealt with in this item.*

La famille traditionnelle algérienne

La famille traditionnelle ou «ayla» est composée du grand-père avec son (ses) épouse(s), ses enfants mâles avec leurs épouses, ses filles – si elles n'ont pu se marier, si elles sont divorcées ou veuves – et les petits-enfants.
Ils vivent tous sous le même toit: la structure de l'habitat traditionnel est conçue pour accueillir un tel ensemble et en préserver l'harmonie. L'ayla est de plus en plus rejetée par les nouvelles générations. Les jeunes ménages supportent de moins en moins bien l'univers clos de la famille traditionnelle et beaucoup préfèrent la famille conjugale restreinte.

---

a Who seems to be the head of the wider family called the «ayla»?

b What does the text say about their living quarters?

c What do younger couples think about the traditional family?

R63   *Your French friends have decided to take you on holiday with them, and let you see the details of the holiday centre, so that you know what to expect.*

GIRONDE
BONNE TABLE ET FORÊT

Le centre de vacances de Lacanau ouvre ses portes du 1er juin au 21 septembre. Entre forêt landaise et océan, il offre aux 500 vacanciers qu'il peut accueillir, sports nautiques sur le lac, pêche ou ballades en forêt. Un animateur organise, chaque matin, exercice musculaire et jeux sportifs. Le soir, des veillées et des jeux sont proposés. Les estivants ont le choix entre des logements en dur (jusqu'à huit personnes) ou en mobilhome (une quinzaine) et le camping (25 emplacements). En pension complète (Guy Douat, le gérant, estime que l'un des secrets de vacances réussies réside dans une bonne table).

Tarifs: de 85 F à 120 F par jour pour un adulte, selon le quotien familial. Des réductions de 20% à 50% sont consenties aux enfants en fonction de leur âge.

---

a Describe the situation of this holiday centre.

b What is provided each morning?

c Give details of two kinds of accommodation available.

d What does the manager consider to be very important?

e How do the prices for children differ?

* R64   *This amusing story has a serious point to it.*

Le bruit qui tue

«M. Boulier, comptable, allait classer le dossier Ducran, Lapoigne & Cie lorsque soudain, dans son dos, retentit un klaxon de camion poids lourd. M. Boulier se jeta à plat ventre, mais eut le réflexe de vérifier si la porte du coffre-fort était bien fermée. Il put ainsi constater qu'il n'y avait aucun véhicule dans son bureau et que le rauque mugissement qui l'avait fait sursauter provenait du téléphone.

Il bondit sur l'appareil, décrocha et, très en colère, dit:

– Quel est le stupide individu qui fait entendre des bruits incongrus?

A l'autre bout du fil, M. Dupuis fut très étonné. M. Boulier, comme il le dit lui-même, n'est pas né de la dernière pluie. . . Il devina immédiatement qu'il devait y avoir du Gaston là-dessous. Il appela par le téléphone intérieur le bureau de Fantasio.

Fantasio préparait un texte lorsqu'un petit oiseau de bois lui passa sous le nez en faisant coucou, avant de rentrer dans le support du téléphone. Étonné, il décrocha et entendit M. Boulier qui, d'un ton sec, appelait Gaston dans son bureau.

Bien vite, la vérité s'est fait jour. Notre collaborateur Gaston a lu quelque part que la vie moderne est trop trépidante («C'est vrai, tu sais Fantasio, il paraît que le bruit, ça tue!»), et a remplacé les stridentes sonneries des téléphones par des bruits mélodieux.

Chez Mlle Jeanne le téléphone a été ingénieusement relié à un vieux phonographe qui lorsqu'on appelle fait entendre un air de «Carmen».

L'initiative, louable en soi, de Gaston a eu des répercussions sur la bonne marche du travail; lorsque le téléphone de l'atelier de typographie a sonné comme un carillon Westminster, tous les ouvriers sont partis en croyant qu'il était six heures. (. . .) Et lorsqu'un avion a franchi le mur du son cet après-midi, tout le monde a décroché en entendant le bang.»

a What was the first strange sound that M. Boulier heard that morning?

b How did he react?

c Where had the noise come from?

d On discovering this, what did he do?

e Why was Fantasio surprised when his telephone rang?

f What tricks had Gaston been playing?

g What had encouraged him to do this?

h How had he altered Mlle Jeanne's machine?

i Explain the typographers' reaction.

j Why did everyone pick up their telephones at the same time later that afternoon?

R65   *You see this bill-board by the side of the road.*

A 63   **Sur la route du Pays Basque et de l'Espagne...**

Prenez l'Autoroute de la Côte Basque.

What are travellers urged to do in order to reach the Côte Basque?

 R66   *Read carefully the two passages below, which relate the experiences of two married couples. In each case, one partner is not French by birth. Then answer the questions set below which ask you to compare their experiences.*

UNIR NOS DIFFÉRENCES

Denis et Léonie sont mariés depuis six ans. Lui est Français. Elle est originaire du Bénin (ex-Dahomey).

«Messages»: Avez-vous eu des difficultés pour vous marier?

Denis: «Nous avons eu des difficultés familiales, surtout du côté de ma femme. En Afrique, une femme n'a pas son mot à dire sur son futur conjoint!»

«Messages»: – Et vous, Léonie, pour vous intégrer?

Léonie: – Les débuts ont été pénibles. Le racisme, ça existe. Mais on arrive à le surmonter. Nous avons un petit groupe d'amis. Et nous nous entendons bien.

Nous avons quelques revendications à faire passer: que les relations soient meilleures entre les nations et que les couples multi-ethniques soient reconnus dans tous les pays.

«Messages»: – En quoi estimez-vous votre expérience exemplaire?

Denis: – Nous avons la chance unique de pouvoir créer un couple nouveau fondé sur la synthèse de nos différences. Nous avons fait table rase des préjugés et avons écouté nos cœurs. Grâce à nos liens, nous essayons d'unir des attitudes et des méthodes de pensée opposées sans avantager une valeur par rapport à l'autre. En ce sens nous sommes les premiers bâtisseurs de la civilisation de l'universel.●

ROMPRE l'ISOLEMENT

Francois et Béatrice sont mariés depuis deux ans. Lui est français. Elle est péruvienne.

«Messages»: Vous avez eu des difficultés pour vous marier?

François: «Beaucoup. J'ai rencontré Béatrice en visitant le «Machupicchu». J'ai ensuite fait le voyage Paris-Lima plusieurs fois! Enfin nous nous sommes mariés!

Béatrice: – Pour les documents, ça a été très long. Il me fallait, outre les formalités pour le mariage, mon visa de mariage pour quitter le Pérou. J'ai attendu deux mois pour l'avoir! Puis j'ai demandé la nationalité française. Je vais bientôt avoir ma carte d'identité française mais, il a fallu près de deux ans!

«Messages»: – Et l'intégration en France, cela n'a pas été trop pénible?

Béatrice: – Au début il a fallu m'habituer à tout: à la langue, à la nourriture, aux gens et surtout au climat. J'ai suivi des cours d'alphabétisation pendant deux ans. Maintenant je me débrouille bien en français. J'ai des contacts ici à Cergy avec mes voisines. Je ne me suis pas fait vraiment d'amies. Les rapports entre les gens sont très différents du Pérou. Ici on sent une tension, une méfiance qui n'existe pas chez nous. Au Pérou, on sourit beaucoup plus facilement, et on est tout prêt à parler avec son voisin.

«Messages»: – **L'idée de devoir vivre toute votre vie ici sans retourner au Pérou ne vous fait pas peur?**
Béatrice: – Si, un peu. Pour une raison surtout: au Pérou, on a beaucoup plus l'esprit de famille qu'ici. Je suis frappée de l'indifférence à l'égard des personnes âgées. Chez nous, les parents âgés logent chez les enfants. Bien sûr là bas tout est grand, les maisons, les familles. . . Ici au contraire tout est si petit!●

	ANSWER IN NOTE FORM	
	Denis/Léonie	*François/Béatrice*
a How long married?		
b Nature of first problems		
c Wife's specific difficulties		
d Steps taken to overcome these		
e Which couple seems the more idealistic? Why do you choose them?		
f Which woman seems more aware of the differences between France and her mother country? Give examples.		

 R67 *The following item is about declining railway traffic in the regions, and steps taken to reverse the trend.*

TRAINS RÉGIONAUX

Ils effectuent des trajets à courte distance. Ils desservent les banlieues des grandes villes de province, une bonne partie de la «Grande Couronne» de Paris et les zones rurales grâce à 346 lignes ferroviaires.

Ces services, dits «omnibus», ont été longtemps en déclin par suite du développement des transports routiers et de la diminution très marquée de la population rurale. A partir de 1973, la tendance s'inverse et les omnibus regagnent du terrain (+ 1,5% par an).

Aujourd'hui, la SNCF ne ferme plus de lignes omnibus (elle a même ouvert 4 lignes régionales). Elle passe aussi des accords avec les régions, pour améliorer la qualité de ces trains régionaux. Des matériels nouveaux sont mis en service.

La liaison entre villes proches est assurée par des trains à fréquence «cadencée» (un convoi toutes les heures ou chaque demi-heure): «Metrolor» entre Nancy-Metz-Thionville (depuis 1970), «Metralsace», Strasbourg-Mulhouse, «Metrodunes» entre Dunkerque et Calais. . . La rénovation de loin la plus importante des trains régionaux a concerné la région du Nord-Pas-de-Calais.

a What two reasons are put forward for the decline in traffic on the regional railway routes?

b What evidence is there to show that the SNCF is taking seriously the greater passenger use of the regional services?

c How are many of the services between nearby towns characterised?

d Where has the most intensive development taken place?

R68 *This advice was issued as part of a campaign to encourage courtesy among road-users.*

QUELQUES CONSEILS PRATIQUES POUR CIRCULER SANS IMPORTUNER

A – Fermez les portières sans les claquer

B – Ne freinez pas violemment : le bruit de vos freins, c'est aussi l'usure rapide de vos plaquettes.

C – Attention à votre auto-radio fenêtres ouvertes : vous ne donnez pas de concert public.

– N'accélérez pas brusquement : vous ferez moins de bruit et de grandes économies de carburant. Silence = Economie.

E – Modérez le régime de votre moteur: un bon rapport de boîte fait moins consommer et accroît la durée de vie de votre moteur.

F – Coupez votre moteur si votre véhicule reste longtemps à l'arrêt.

G – Ne faites pas ronfler inutilement votre moteur : le bruit n'est pas un signe de puissance, il en est le déchet.

H – Respectez les limites de vitesse : le calme c'est plus sûr. Silence = Sécurité.

I – Maintenez votre pot d'échappement en bon état : en modifiant l'accord admission-échappement, un pot "trafiqué" diminue la puissance du moteur.

J – N'utilisez le klaxon qu'en cas d'absolue nécessité (code de la route).

Tick under the letter of the illustration and explanation that tells road-users to:

		A	B	C	D	E	F	G	H	I	J
a	observe the speed limit.										
b	avoid braking too heavily.										
c	switch off the engine if stopping for a while.										
d	use the horn only in an emergency.										
e	keep the engine tuned to prolong its life.										
f	close doors quietly.										

R69   *In order to travel around Bordeaux, you make use of this part of the tourist guide.*

Comment se déplacer à Bordeaux.

Avec votre voiture.
La plupart des rues du centre de Bordeaux sont à stationnement limité. (parcmètres individuels ou horodateurs) – Utilisez de préférence les Parcs Autos (payants).

–Quai Richelieu (C4)–non couvert.
–Gambetta (C2)–couvert.
 –Cours du Maréchal Juin (B1) – couvert.
– Place de la République (B2) – couvert.

– Allées d'Orléans (D3), non couvert.
– Allées de Chartres (E3) non couvert.
– Qu. Louis XVIII (D3–E3), couvert.

Dépannage : Des services de dépannage automobile fonctionnent jour et nuit. Tél. : 56 86 61 70 et 56 91 45 22. L'Office de Tourisme tient à votre disposition la liste des représentants des marques français et étrangères.

Automobile Club : 8, place des Quinconces (D 3) — Tél. : 56 96 33 33. **Etat des routes :** C.R.I.R. — Tél. : 56 44 22 92.

En autobus.
Il vous permettront de vous déplacer facilement dans Bordeaux et la Communauté Urbaine.
A chaque arrêt, un panneau vous indique le parcours de la ligne et les différents arrêts. Vous payez au conducteur en montant à l'avant de l'autobus. Indiquez lui votre destination, il vous délivrera les billets nécessaires. Des carnets de réduction (10 billets) peuvent être achetés dans les bureaux de transports situées Place Gambetta (C2) et à la Gare Saint Jean, face à la sortie de la Gare, ainsi que chez des commerçants près des arrêts d'autobus.
Des plans complets du réseau sont à votre disposition à l'Office de Tourisme.

Taxis.
Plusieurs stations à Bordeaux et en Banlieue. 2 stations fonctionnent jour et nuit. A la gare Saint-Jean (Tél. : 56 91 48 11) et Pl. Gambetta (Tél. : 56 48 00 79). Il est également possible d'appeler un Radio-Taxi (Tél. : 56 96 00 34 – 56 86 80 30).
Les tarifs sont affichés dans les voitures. Attention : suppléments pour l'Aéroport, le Lac et le service de nuit.

Service spécial Aéroport.
Un autobus spécial (toutes les 1/2 heures en semaine, service réduit le dimanche) relie l'Aéroport à la Gare et à l'Office de Tourisme. Durée du trajet 20 à 30 minutes. On paie au conducteur.

Location de vélos
Gare Saint-Jean, tél. : 56 91 34 20, rue Domercq — Bordeaux.
Ecocycle, tél. : 56 96 07 50, avenue Aristide-Briand — Mérignac
GO, tél. : 56 34 47 54, avenue Kennedy — Mérignac.

Pour visiter la Gironde
Pour Arcachon, la S.N.C.F. assure un service toutes les heures depuis la Gare Saint-Jean. Tél. : 56 92 50 50. Les autres localités touristiques sont reliées par autobus. La plupart des lignes sont assurées par la Cie CITRAM — 14, rue Fondaudège (D 2). Tél. : 56 81 18 18. Tous renseignements à l'Office de Tourisme.

a How many garage-type car-parks are there?

b If you telephoned 56.91.45.22., what service would answer?

c How can you make sure that the bus you are waiting for goes to the place you want to reach?

d How do you obtain tickets at reduced price? From where?

e Who can supply you with a bus map?

f Give details of three ways you can order a taxi at any time of day or night.

g How often does the special bus to the airport run?

h Name the kind of transport available for hire from Roques.

 | **R70** | *In this interview, José talks frankly about his hopes and disappointments.*

VILLES CRUELLES

L'exode à São Paulo

Cérès   Comment avez-vous décidé de quitter Caruaru?

José   Un beau jour, je me suis dit: «Non, c'est impossible de continuer comme ça. Tu dois trouver un autre travail.»

Cérès   Qu'est-ce que vous avez décidé de faire alors?

José   J'ai décidé d'aller à São Paulo. C'était la seule solution. Le ticket d'autocar coûtait à cette époque 192 cruzeiros. La seule façon de gagner cette somme, pour moi, était de nettoyer les toilettes. Aussi, de nuit, je commençai à faire ce travail. Je gagnais 60 cruzeiros par nuit, et j'allais me coucher à environ quatre heures et demie du matin.

Cérès   Saviez-vous où vous iriez habiter à São Paulo?

José   Non, J'avais juste l'adresse d'un ami très proche qui vivait dans le bidonville Marconi. Je suis allé le trouver là et j'y suis resté plusieurs mois. Il m'a trouvé du travail comme livreur. Ça a bien marché, mais au début c'était difficile parce que je ne connaissais pas les rues. Mais souvent je rentrais si tard – une heure du matin ou plus tard—que mon ami s'inquiétait. Le bidonville Marconi est très isolé. Et vous savez comment c'est à São Paulo, avec tous ces vols à main armée.

Cérès   Est-ce que la plupart des gens du bidonville sont sans travail?

José   Non! La plupart travaillent. En usine, ou plus souvent, sur les chantiers. Mais presque tous gagnent si peu qu'il leur est impossible d'acheter un morceau de terre ou de louer une maison. Beaucoup d'entre eux sont des migrants venus du Nord-Est, il y a plusieurs années, et aussi d'autres régions et ils n'ont pas réussi encore à s'installer. Ce n'est pas difficile de trouver du travail à São Paulo. Ce qui est difficile, c'est de trouver un travail bien payé. Beaucoup de ces immigrants rêvent de retourner dans le Nord-Est. Mais les plus réalistes savent que cela ne résoudrait rien, puisqu'il y a si peu de travail là-bas.

Cérès: Aimeriez-vous retourner à Caruaru?

José: Oh oui! Si je pouvais y trouver de travail, je partirais demain.

Cérès: Pouquoi?

José: Ah! c'est le pays où je suis né—et on l'aime toujours. Mais ce n'est pas vraiment ça. C'est que là, la vie est plus libre, plus relaxée. Et on a un morceau de terre à cultiver: riz, haricots, fruits. Et même si vous ne l'avez pas, les choses sont meilleur marché. Une douzaine de bananes coûtent 7 cruzeiros ici, à São Paulo. Là-bas, vous en avez cent pour le même prix.

Cérès: Quel conseil donneriez-vous à quelqu'un de Caruaru qui vous demanderait si cela vaut la peine de venir à São Paulo?

José: Je lui dirais: ne viens pas. Tout ce que je sais, c'est que si quelqu'un vient, il souffrira comme j'ai souffert. Parce qu'il devra payer un loyer, l'électricité, l'autobus, et ainsi, il souffrira. Il gagnera le salaire minimum ou un petit peu plus et il finira dans un bidonville.

---

bidonville   Shanty-town

a Why did José decide to leave his home town?

b How did he earn the money for the bus fare?

c What help did he have in finding accommodation in São Paulo?

d What worries did he cause his friend during the first few months?

e How do most of the shanty-town inhabitants earn their living?

f What are the causes of the inhabitants' feelings of dissatisfaction?

g Why would Jose like to return to Caruaru?

h What advice would he give to someone who was thinking of following his example, and why?

R71 *If you wish to buy books in Lyon, you have a wide range of shops to choose from. Here are details of those owned by just two firms.*

LES LIBRAIRIES FLAMMARION

a — **19, place Bellecour** - Tél. 38-01-57
Tous les livres - les disques - la papeterie

b — **3, place Antonin-Poncet** - Tél. 30-01-57
Librairie technique, médecine, droit, sciences, etc.

c — **Centre Commercial de la Part-Dieu -**
Niveau 0 - Tél. 62-33-04
Librairie générale, presse

la librairie
m. gibert

neuf

occasion

papeterie

d 3, quai Gailleton - Tél. 42.22.22
e 36, rue Ste-Helène - Tél. 37.10.89
69002 Lyon

Etudiants, profitez de notre
carte de fidèlité

In this table, tick under the letter
of the shop(s) where you are sure of obtaining:

	A	B	C	D	E
medical books					
records					
stationery					
newspapers					
second-hand books					
reduced prices for students					
bestsellers					

* R72   *The amazing story of the salmon is threatened by our modern life-style. This article spells out some of the dangers.*

LE SAUMON

Le Saumon est un migrateur qui remonte les fleuves et les rivières pour frayer. Les jeunes passent 14 à 26 mois en eau douce. À l'âge adulte ils gagnent la mer où ils séjournent de 1 à 3 ans, allant jusque sur les côtes occidentales du Gröenland avant de revenir, guidés par leur mémoire, sur les lieux qui les ont vus naître. Certains réussissent à survivre et à faire une seconde fraie.

Les Saumons, autrefois nombreux dans tous les cours d'eau se jetant dans l'Atlantique, ont été décimés par la pêche commerciale en mer et la pêche en eau douce lors de leur remontée. Les frayères sont menacées par les pollutions, et les œufs peuvent être asphyxiés par les dépôts de limons. Là où aménagement des rivières et restauration des frayères ne peuvent être réalisés, on doit recourir à la production artificielle de jeunes pour sauver le stock.

frayer   to spawn.
la frayère   spawning ground

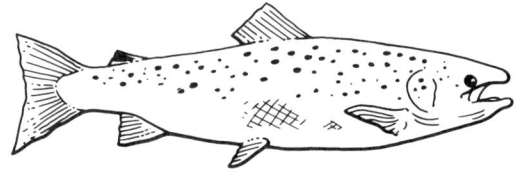

a Where do the young salmon spend much of the first two years of their life?

b How are the next 1–3 years of their life spent?

c What brings them back to their birthplace?

d What hazard have the salmon run at sea in recent times?

e How has it been necessary to counteract the effect of unclean waterways?

R73   *You see the announcement of a series of programmes on the radio.*

LES INVITÉS D'«ATOUT FEMME»

En direct avec ''Madame Figaro'' sur Radio Laser, 88,5 FM, Annette Pavy anime chaque matin, de 9 heures à 13 heures, ''Atout Femme''. Quatre grandes rubriques : cuisine, santé, beauté, mode ; des journalistes de ''Madame Figaro'', des invités prestigieux.

Cette semaine Annette Pavy recevra :

Lundi 17, 11 heures : Jacqueline Pain, directrice du Paris Country Club de Rueil-Malmaison.
Mardi 18, 10 h 30 : Jean-Charles Brosseau, un créateur qui a plus d'une idée dans son chapeau.
11 heures : Nicolas Mamounas, le nez de Rochas.
Mercredi 19, à 10 h 30 : Sylvie Chalon et Nathalie

Gillier, créatrices de la société Pink-foot.
11 heures : la trousse de beauté vacances avec Dominique de chez Carita.

Jeudi 20, 10 h 30 : Alain-Dominique Perrin, président de Cartier.

Vendredi 21, 11 heures : Christiane Sacase, pour la sortie de son livre *le Guide du chien citadin*.
A la semaine prochaine !

Tick in the box to show the jobs of the people featured.

	author	beauty consultant	club director	programme presenter	perfume manufacturer
a Annette Pavy					
b Jacqueline Pain					
c Nicolas Mamounas					
d Dominique					
e Christiane Sacase					

 R74   *This map explains the important role of the rail network in France.*

LE FLUX DES VOYAGEURS

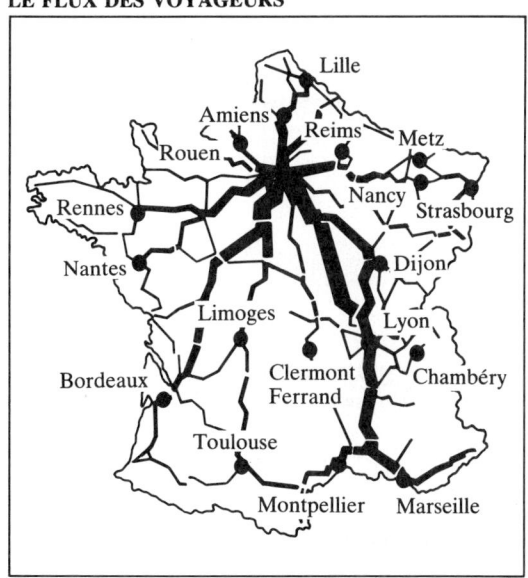

a What does it show?

b How does the note explain its design?

● En dix ans, le trafic des grandes lignes
s'est accru de 38%

Le trafic le plus important est concentré sur quelques
lignes figurées sur la carte par les traits les plus épais

Du sport pendant votre séjour.

Piscines. Piscines couvertes : piscine Judaïque, 166, rue Judaïque ; tél. : 56 96 65 30 fermé le lundi. Piscine Galin, rue Galin ; tél. : 56 86 25 01, fermé le vendredi. Piscine Olympique, cité du Grand-Parc ; tél. : 56 50 31 97, fermé le jeudi. Piscines découvertes d'été : Piscine Tissot, 50 rue Léon-Blum ; tél. : 56 50 85 00. Piscine Sté-helin, 217 avenue de Lattre-de-Tassigny ; 56 08 38 03, fermé le mercredi. Piscine Judaïque 166, rue Judaïque ; 56 96 65 30, fermé le lundi.
Patinoire. Patinoire de Mériadeck, 100, cours du Maréchal-Juin ; tél. : 56 98 38 37, 9 h 30-12 heures — 14 h 30-18 heures — 21 heures-23 h 30. Dimanche (journée), mercredi et samedi (après-midi), lundi et mardi (nocturne).
Golf. Golf municipal Bordeaux-Lac ; tél. : 56 50 92 72, 100 Ha (green fee), 18 trous. Golf Bordelais avenue d'Eysines ; tél. : 56 28 56 04, 26 Ha (green fee), 18 trous.
Tennis. (Location à l'heure pour tous). Antennes sportives Bordeaux-Lac ; tél. : 56 50 92 40. Tennis couverts et half-court de Mériadeck ; tél. : 56 93 05 85 (green set).
Bowling International, 224, avenue de la Marne, Mérignac. Tél. : 56 47 18.60.

A To phone the skating rink you would dial
  (*a*) 56.96.65.30.
  (*b*) 56.28.56.04.
  (*c*) 56.08.38.03.
  (*d*) 56.98.38.37.

B The swimming pool in the rue Judaïque is open
  (*a*) every day throughout the year.
  (*b*) on Sundays in the winter only.
  (*c*) in every month except September.
  (*d*) on each day except Sundays and Mondays.

C A fee is payable by the hour at
  (*a*) the tennis courts.
  (*b*) the skating rink.
  (*c*) the bowling alley.
  (*d*) the golf courses.

ENFANTS

Le Nid de l'Ecureuil, à partir du 15 juin, plus moyen de ré-sister aux salopettes Osh Kosh à 190 F et 210 F soit, 35 à moins 40%, aux chemisiers à col Claudine en coton, aux pe-tites chemises hawaïïenne, aux chemises style Oxford, le 4 ans 110 F au lieu de 158 F, aux sweat-shirts américains blancs, le 4 ans 95 F au lieu de 136 F et aux vestes Osh Kosh du 2 ans au 7 ans, rayées vert d'eau, rose et jaune 190 F au lieu de 319 F.
25, rue Bonaparte, 75006 Paris. Tél. : 633.98.71.

Set out a price list of the goods in this sale. Keep prices in francs, but all other information must be given in English:

Garment	Colour, size, etc.	Normal price	Reduced to

R77 Compare the three passages below, each of them describing Christmas in an African country.

CONGO
342 000 km²
1 500 000 d'habitants
Capitale Brazzaville

Ossibi Fidèle :
« Noël, ce n'est pas la fête des hommes, mais des enfants. Comme en France, traditionnellement, la préparation occupe les familles : emplettes pour le dîner, achats des cadeaux... Il n'y a pas vraiment de plat du dîner de Noël, mais plutôt une abondance de nourriture, cabri, mouton, poulet... et de boissons, champagne ou whisky ».

GABON
27 667 km²
1 200 000 d'habitants
Capitale Libreville

Ngong Bekale Gaspard :
« Le Gabon est un pays qui compte 90 % de chrétiens. Le premier missionnaire est arrivé en 1849. C'est surtout le côté religieux de la fête de Noël, la naissance de Jésus, qui est important chez nous. Nous allons à la prière, répétons pour la chorale. Après la messe de minuit, place au grand repas, aux pétards et aux réjouissances... »

TCHAD
1 284 000 km²
4 280 000 habitants
Capitale N'Djamena

Ngodji Bolo :
« Le Tchad est multireligieux. Musulmans, chrétiens et animistes prédominent. Mais tout le pays fête Noël. C'est une longue veillée où chaque famille se retrouve le soir du 24 décembre. A la campagne, les traditions restent plus marquées, surtout par le repas préparé dans chaque foyer. Désormais, les jeunes tendent à se regrouper pour les danses ».

Show by ticking in the columns on the right in which countries the following descriptions of Christmas are accurate:

	Congo	Gabon	Tchad
a In this predominantly Christian country, the religious aspect of Christmas is most important.			
b There are dances for young people celebrating Christmas time.			
c Families are busy in their preparations for the meal and with present-buying.			
d There is no special meal at Christmas, but a lot of food and drink.			
e All people, regardless of their religion, enjoy Christmas.			
f Traditions are followed more particularly in country areas.			

R78   *In a search for a good restaurant, you come across this advertisement.*

__LA CRUCHE__

ANNIE-ROBERT

PAS D'ÉMOTIONS GASTRONOMIQUES, mais une cuisine presque familiale (gratins dauphinois, entrecôtes poivre vert, salades mélangées, etc...) efficacement servie. Ambiance chaude et feutrée. De très bons desserts maison. Prix 28/34 F.

19, RUE AUGUSTE-COMTE   TÉL. 37.39.69

---

a What style of cooking will you find at this restaurant?

b How could you finish your meal?

 R79   *This article is apparently written by a computer telling us about its life.*

Permettez que je me présente. . .

"Je ne suis pas un être vivant. Je suis une machine. . . Mais pas n'importe quelle machine. Il existe des machines à laver le linge, des machines à écrire et d'autres encore dans les usines. Chaque machine a une spécialité. Moi, au contraire, je peux exécuter de nombreux travaux tout à fait différents les uns des autres. Ainsi, nous allons nous rencontrer partout: à l'école, au bureau, à la maison. Je m'adapte à tous ces travaux grâce à mes programmes. . . ou plutôt ceux que les hommes ont créés et écrits pour moi. Je suis aussi la seule machine qui travaille avec des mots, des nombres. Les chiffres, les lettres, je les appelle des informations. Groupés, les chiffres forment des nombres, et les lettres forment des mots. A tout moment, je peux les reconnaître, les utiliser pour faire des calculs et obtenir un résultat.»

«Dans quelques minutes, je vous réveillerai, comme vous me l'avez demandé, mais en attendant, je vais régler quelques petits problèmes. J'actionne par télécommande la machine à café. Je mets aussi le four en route, pour vos croissants. Le petit déjeuner sera prêt dans quelques instants. Quelques coups de téléphone, et je charge en mémoire vos journaux quotidiens préférés. Vous pourrez ainsi faire votre revue de presse matinale. J'alerte par télé-transmission la batterie de chauffage de votre voiture: vous n'aurez aucune difficulté à démarrer.

Sept heures. Par commande électrique, j'ouvre les volets de votre chambre et je branche votre poste de radio sur une station musicale.

Nous nous retrouvons dans votre cuisine, pour le petit déjeuner. Mon écran y est encastré: «Bonjour Julie, nous sommes mardi 12 janvier. Voici votre emploi du temps: à dix heures, rendez-vous à votre bureau avec la maquettiste pour mettre au point la mise en page d'un numéro de la revue *L'événement*. A douze heures, déjeuner de travail avec le responsable des affaires internationales. A quinze heures, conférence de presse aux locaux de la re-vue. Bon courage, Julie! Pour les courses, le livreur passera à 17 heures. Savez-vous qu'il ne nous reste en stock qu'un litre de lait et deux yaourts aux fruits? Puis-je, dans ces circonstances, commander un approvision-nement complet, au crémier?»

Paragraph 1

a In what ways does the computer claim to be different?

b Which three other kinds of machines are listed?

c Where will the computer meet the human-being?

Paragraphs 2 and 3

d List the functions that the computer will organise in the kitchen.

e Give three other tasks the computer will carry out.

Paragraph 4

f Set out a brief diary in English of Julie's engagements for the day.

g What does the computer suggest be done before the delivery arrives at 5 p.m.?

* R80 *This is a list of measures proposed by the French government to increase the level of safety on the roads.*

Un impératif – La sécurité

– On informe le public des dangers de l'alcoolisme au volant. (Depuis 1984, il y a délit à partir de 0,8 gr d'alcool par litre de sang, et on peut être soumis à des contrôles à tout moment.)

– On étend le système des bandes axiales, jaunes, puis blanches, et latérales qui gui-dent les conducteurs quand la visibilité est mauvaise.

– On supprime de nombreux « points noirs» (carrefours et autres endroits où il se produit sans cesse des accidents).

– On médicalise les secours (arrivée sur les lieux d'accidents d'ambulances équipées pour les réanimations, avec un médecin).

– On institue une éducation routière dans les écoles.

Toutes ces mesures, et d'autres, moins importantes, portent rapidement leurs fruits. Dès 1974, le nombre des tués régresse à peu près régulièrement (13 170 en 1975, moins de 12 000 en 1983). En 1982, le gouvernement Mauroy a décidé de tout met-tre en œuvre pour qu'il soit inférieur à 10 000 dans les années qui viennent. C'est le plan R.E.A.G.I.R.

a What is the first task in the list?

b What are the two speed limits?

c What improvements are being made in the ambulance service?

d How have schools been able to help?

e What have been the results so far of the campaign?

f What are the hopes for the future?

 R81   *This text proclaims a number of advantages of the train.*

TROIS ATOUTS MAJEURS

● Le TGV permet des gains de temps considérables sur le trajet Paris-Sud-Est, axe ferroviaire très important puisqu'il dessert des régions regroupant 40% de la population de la France. La durée des trajets est considérablement réduite: Les gains de temps sont de l'ordre de 1 h vers la Bourgogne, la Franche-Comté et la Suisse et de 1 h 45 vers Lyon, la Savoie et le Midi. Le nombre de circulations a été accru: 18 allers-retours quotidiens entre Paris et Lyon-St-Etienne, 9 sur Paris-Marseille, 7 sur Paris-Dijon. . .

● Autre avantage du TGV: **l'économie d'énergie.** L'utilisation de la ligne par de nombreux voyageurs qui empruntaient jusqu'alors d'autres modes de transport plus coûteux en énergie, procure une économie appréciable.

● **Le faible niveau du bruit intérieur** est un **des éléments de confort** du TGV. Discret et peu bruyant, le TGV, qui utilise la traction électrique, n'engendre également **aucune pollution atmosphérique**.

a Although the title of this report claims that there are three major attractions of the TGV, there are four mentioned. What are they?

b What other improvements in the level of service are mentioned?

 R82   *It is essential to understand the safety advice and emergency procedures before you enter a forest. This pamphlet aims to inform and advise you.*

En forêt

La forêt nous donne son bois, ses fleurs, ses champignons, ses ombrages et l'air pur. Elle protège le sol contre l'érosion. Elle est pour l'homme un espace de silence, de détente et d'activités sportives.

Mais *la forêt est fragile et vulnérable.*
Respectez-la.
Ne détruisez
pas les végétaux.
N'abandonnez
pas de déchets.

ENFIN
SOUVENEZ-VOUS
QUE LE FEU
EST L'ENNEMI
DE LA FORÊT!

> *Évitez de fumer.*
> *N'allumez pas de feu.*
>
> Et si vous êtes témoin d'un *feu naissant,* donnez
> *Immédiatement l'alarme : mairie, sapeurs-pompiers*
> (tél. 18 ou numéro local), *gendarmerie...* et commencez
> la lutte en frappant la frange du feu avec une pelle,
> un branchage, en y jetant de la terre ou mieux de l'eau.
>
> *Chaque année,* outre les pertes en vies humaines
> qu'il provoque et les risques particuliers qu'il fait encourir
> aux sapeurs-pompiers, le feu détruit des dizaines de
> milliers d'hectares.
>
> Cela coûte très cher à l'État, aux régions,
> aux départements, aux communes...
> ...et en définitive à chacun d'entre nous.

As you read the information about the forest, tick in the boxes that show the facts mentioned.

a The forest provides these things:

wood	flowers	mushrooms	birds	shade	clean air	animals

b For human beings, it is a source of

quiet	picnic areas	relaxation	sport opportunities

c How does the pamphlet describe fire?

d What two activities must you not do?

e If you see a fire you should

telephone for help	fight the fire	save wildlife

f The serious effects of a forest fire are

its cost in human lives	the risks to fire-fighters

it destroys areas of the forest	it destroys homes

R83   *For tourists in search of the unusual and unexpected, Bordeaux has this selection to offer.*

Bordeaux insolite.

- Marché aux puces (brocante) à Saint-Michel, tous les matins.
- Marché écologique le jeudi matin à Saint-Pierre.
- Artisans d'Art à Saint-Pierre (visites organisées par l'Office de Tourisme).

a Which is the best day to go to the ecological market?

b What happens on Saturdays at Saint-Pierre?

c Where would you find the craft exhibition?

 R84   *Read this account of Marie-Hélène Piégay's achievements.*

Championne de France cycliste

LES ROUES DU SUCCÈS

«Cet hiver, je n'arrête l'entrainement qu'un peu plus d'un mois. Depuis le début de février, je recommence à rouler 200 à 250 km par semaine». En collant et coupe-vent (aux couleurs de la Poste), Marie-Hélène Piegay, 27 ans, enfourche son vélo pour une sortie d'une cinquantaine de kilomètres. Dans le froid et la bise.

Un effort qu'elle s'impose quasi-quotidiennement. *«En pleine saison, je parcours 350 km par semaine dont une sortie de 120 km et je fais de la compétition chaque week-end et jour férié».*

Marie-Hélène n'aime pas beaucoup les compétitions féminines, préférant courir avec les garçons. Lorsqu'au départ d'une course il n'y pas assez de concurrentes, Marie-Hélène est classée avec les garçons de deuxième série (il y en a quatre). *«Je tiens ma place dans les pelotons»*, juge-t-elle.

Marie-Hélène fait partie de l'Amicale cycliste châtillonnaise depuis trois ans. *«Sur une quarantaine de membres, il n'y a que trois filles*, constate-t-elle *En général, les filles se mettent au vélo vers 15 ou 16 ans parce qu'un frère ou le père fait du cyclisme. Mais, dès qu'elles se fiancent ou se marient, elle accrochent le vélo au clou».* Marie-Hélène, elle, n'a pas raccroché. Elle roule tant que le vélo occupe une grande place dans sa vie. *«Pendant les vacances, je mets le vélo dans la voiture et je fais de longues ballades. Même en roulant vite, vous savez, on a le temps d'admirer le paysage».* Sa seule infidélité au vélo est le ski de fond. *«Je n'ai pas le temps de pratiquer un autre sport*, avoue-t-elle. *En fait*, reconnait-elle en riant, *j'ai commencé par le cyclisme, ça m'a plu et j'en suis restée là».*

Les résultats sont là pour le prouver: 70 coupes trônent dans les vitrines de la maison familiale à Neuville-les-Dames, dans l'Ain. Juste récompense des 8 000 km parcourus par saison: l'équivalent de deux Tour de France.

Complete this profile of Marie-Hélène Piégay in note form.

Name ....*Age* ....

Place of residence ....

Club .... *How long member?* ....

Month training began this year ....

Date training began ....

Weekly training—early season .... km
                    full season .... km

Classification (1, 2, 3 or 4?) ....

Other interests ....

When competitions entered ....

Method of holiday training ....

Trophies won to date ....

R85 *Look carefully at the following three advertisements for businesses in Lyon.*

5 cours gambetta 69003 lyon _ S'est engagé à vous faire
tél. 60 13 44 _   profiter de la puissance d'achat
                              du groupement Phox.

tout matériel photo cine _ neuf occasion   phox

POUR TOUS TRAVAUX
"PAPIER COULEUR"
1 FILM GRATUIT

La Photographie c'est notre métier!

photo plait
STUDIO 327

Centre commercial
Part-Dieu niveau 3 - LYON

BADEAU
PHOTO - CINÉ - SON

DEUX ADRESSES A LYON :
40, cours Gambetta - 7e
et 26, rue de la République - 2e

Toutes les grandes marques en magasin avec une équipe de
techniciens pour bien vous servir

Tick in the appropriate boxes to show the information provided.

	Photo equip.	Cine equip.	Audio equip.	Second-hand goods	Film Developing service
a Cheret					
b Studio 27					
c Badeau					

R86   *This comparison of sales of jeans in different countries is important information to someone working in the clothing trade.*

La France consomme en moyenne 0,9 jean par an et par habitant (soit 45 à 50 millions de jeans), loin derrière l'Allemagne (1,5) et les pays scandinaves (2) et surtout les USA (3 à 4)

a Of the countries mentioned, which has the largest sales of jeans per inhabitant?

b Place the other countries or groups of countries in descending order of sales per inhabitant.

R87   *People going on holiday need special advice about their driving, and this is an important document.*

Vacances prudence

Sur la route

Votre véhicule est-il en bon état? (freins, pneus).
Vous conduisez? Alors soyez *sobre, attentif, prudent.*
Respectez le code de la route.
Sachez vous arrêter pour vous reposer
Sur les autoroutes, respectez les distances et, sauf nécessité, n'empruntez pas la bande d'arrêt d'urgence.
L'important c'est d'arriver.

a Which parts of the car must you check?

b What advice does the pamphlet give about stopping?

c Where particularly should you keep your distance?

R88 *On the way through France, you stop off at the stained-glass centre at Chartres to see this exhibition.*

CENTRE INTERNATIONAL DU VITRAIL
"VITRAIL LABYRINTHES"

10 peintres-verriers français contemporains et leur itinéraire personnel.

Du 29 mai au 31 octobre 1983, au GRENIER DE LOËNS, 5 rue du Cardinal Pie. Ouvert tous les jours, (sauf le mardi) de 10 h à 18 h.

Prix d'entrée : 7 F. Groupes : 5 F. Visites commentées pour groupes 100 F.
L'entrée est gratuite pour les adhérents, sur présentation de leur carte.

Département Documentation :
– Bibliothèque spécialisée
– Dossiers sur les œuvres de peintres-verriers contemporains
– Points de rencontres, conférences
Ouvert : lundi, mardi, jeudi, vendredi de 10 h à 17 h.
Entrée : 23 Cloître Notre Dame, en face du Portail Nord.

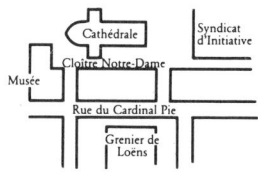

Complete this information sheet about the exhibition.

a *Details of artists (number)* ....

                 (nationality) ....

b *Opening hours* ....

   and days ....

c *Normal entry fee* ....

d *Availability of guided visits*
....
The information centre:

e On what days is the centre open?

f Where is the entrance in relation to the cathedral?

 R89 *Read the recipe carefully and search for the answers required.*

Les ustensiles

- 1 pot de yaourt vide en verre
- 1 cuillère en bois
- 1 moule à cake rectangulaire
- 1 grand saladier
- 1 bol
- Feuille d'aluminium

Comment faire le cake salé

Allume le four – thermostat 5 (four moyen) – 10 minutes avant d'y placer le moule.

Verse la farine dans un grand saladier.

Mets les olives à tremper dans un bol d'eau tiède.

Casse les œufs, un par un, dans une tasse avant de les mettre au milieu de la farine. On ne sait jamais, si un œuf n'était pas frais! Cela évite de gâcher toute la préparation.

Mélange doucement avec la cuillère en bois.

Les ingrédients
pour 6 personnes

- Farine pâtissière: 2 pots de yaourt
- Œufs: 4
- Huile: ½ pot de yaourt
- Olives vertes dénoyautées: 150 g
- Jambon de Paris: 1 tranche très épaisse de 250 g
- Gruyère râpé: 150 g
- Levure en poudre: 1 sachet
- Lait: 1 pot de yaourt

la levure   yeast
saupoudrer   to sprinkle

Ajoute lentement le lait et l'huile.

Essuie bien les olives.

Coupe le jambon en petits dés.

Ajoute les ingrédients à la pâte.

Saupoudre avec la levure et mélange soigneusement.

Enduis le moule d'un peu d'huile et verse la préparation. Elle ne doit pas remplir le moule car le cake va gonfler en cuisant.

Place délicatement le plat sur la plaque du four et compte une petite heure de cuisson.

Surveille le gâteau pendant la cuisson; si la pâte se colore trop vite, **baisse** le thermostat à 4 et **protège** le dessus du cake avec une feuille d'aluminium.

Le cake est cuit lorsque, en introduisant la lame d'un couteau dans la pâte, celle-ci ressort propre.

Sors le plat du four et **démoule** le gâteau rapidement. Lorsqu'il est froid, **enveloppe-le**, découpé en tranches dans une feuille d'aluminium.

In this recipe for a savoury cake, find the correct version of these statements.

A You need
   (*a*) a wooden bowl.
   (*b*) a plastic yoghurt-pot.
   (*c*) a circular cake tin.
   (*d*) a wooden spoon.

B The oven is set at
   (*a*) setting ten, four minutes before the cake tin is placed inside.
   (*b*) setting four, five minutes before the cake tin is placed inside.
   (*c*) setting five, ten minutes before the cake tin is placed inside.
   (*d*) setting ten, five minutes before the cake tin is placed inside.

C The eggs are broken into a cup
   (*a*) to keep them separate from the olives.
   (*b*) to ensure that they are fresh.
   (*c*) to separate the white from the yolk.
   (*d*) to prevent the flour being discoloured.

D The milk and oil are added
   (*a*) before the ham is cut into small pieces.
   (*b*) before the olives are placed in hot water.
   (*c*) before the eggs and flour are mixed.
   (*d*) after the yeast is sprinkled onto the mixture.

E The cake should be cooked
   (*a*) for one hour at setting four.
   (*b*) for one hour at setting five.
   (*c*) for one hour at setting five and then for another hour at setting four.
   (*d*) for four hours at setting four.

R90 — You would love to be able to buy a present from one of these shops.

a Which goods do both shops deal in?

b How do their services differ in these goods?

c If you wanted a watch, at which shop would you be sure of obtaining one?

d Give details of the specialities so far unmentioned from each shop. (One from each shop)

le sancy

15, Rue Longue - 69001 Lyon
Près de l'Église Saint-Nizier
Tél. 28-47-29

Achat et Réparation de
Bijoux Anciens
Montres
Monnaies
Couverts
Argenterie, etc...

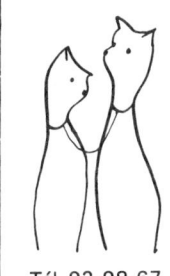

la minaudière

cadeaux
bougies
bijouterie

échangeur lyon-perrache
niveau 1 (métro)
69002 lyon

Tél. 92-98-67

R C. LYON A 312 569 601

* R91 — This extract from a book about women living in North Africa tells of the work two of them do each day.

Femmes au foyer

Fatiha et Yamina font le ménage comme chaque jour. Yamina chantonne; elle aime beaucoup la présence de sa jeune belle-soeur. Elles se sourient, s'entraident, aux tâches ménagères toujours recommencées. Balayer, ôter la poussiere des meubles, des objets, nettoyer soigneusement les cuivres de la salle commune. Secourer les tapis, faire des réserves d'eau, laver et préparer les repas dans la cuisine fraîche; rouler la semoule, accroupies dans la cour, sous le figuier, éplucher chaque jour les légumes frais qu'Amor [le père de Yamina] rapporte du marché en revenant du travail, pendant qu'Aicha [la mère] serre dans l'armoire de la grande pièce la semoule, les makrouds [gâteaux] toujours faits à l'avance, les poivrons, le chocolat, les épices.

a What atmosphere would you expect to find in the household when the two women are working?

b Give one example of a cleaning task mentioned.

c What does it say goes on in the kitchen?

d What does Amor bring from the market?

e Where does his wife store the things she has made?

f Give two examples of the products of her work.

R92   *This advert announces an economical way of using telephones.*

Le rappel des cabines téléphoniques:
Une pièce de un franc suffit
pour dire à son correspondant
‹‹rappelez-moi au (1) 564.30.57››, le
numéro de l'une des 165 000 cabines.

What does the
announcement suggest
you use 1 franc for in a
phone-box?

R93   *You see this card for a restaurant.*

CREPERIE - RESTAURANT

La Galetière

SPECIALITES DE CREPES
ET GALETTES DE SARRAZIN

1, rue Henri Gréber 60000 BEAUVAIS - Tél. (4) 448.57.35

What particular specialities does it offer?

R94   *In order to compete with other forms of transport, the SNCF describes some of the innovations on trains.*

Des améliorations diverses

● Les trains sont plus rapides et le rail devient à son tour un concurrent dangereux pour l'avion et l'automobile. Les progrès de la technologie ferroviaire ont favorisé l'extension des vitesses à 160 km/h (et même 200 kmh sur certaines lignes). Des trains comme le «Kléber», reliant Strasbourg à Paris (509 km) en 3 h 55, permettent d'effectuer un aller-retour dans la journée. La vitesse sur rail n'est plus réservée aux voyageurs de 1re classe: des trains «Corail» 1re et 2e classes, comme le «Montaigne» ou le «Drapeau», roulent à 200 km/h entre Paris et Bordeaux.

● Les trains avec automobiles ou motos accompagnées connaissent un succès grandissant. La SNCF a également développé, dans près de 200 villes, la location de voitures, réservées aux usagers de la formule «train + auto».

● Enfin divers services sont proposés pour faciliter les voyages par le train: bagages enregistrés, enlevés et livrés à domicile, location de vélos, accompagnement sur 15 relations d'un enfant de 4 à 14 ans par une hôtesse J.V.S. (Jeune Voyageur Service), voitures spécialement équipées pour les familles (table à langer, chauffe-biberons, coin-détente pour les enfants. . .)

a How is it claimed that the train is becoming a serious competitor to the car and aeroplane?

b What might the particular attraction of the «Kléber» be to the person involved in business contracts?

c Give examples of how the SNCF has developed facilities for personal travel beyond the station of arrival.

d Describe the service offered by JVS.

e What other examples of services for passengers are given in the last paragraph?

R95   *When you go shopping in France, there is a wide choice of self-service establishments.*

On distingue 5 types de magasins en libre-service:

● **le mini-libre-service**: magasin de détail d'une dimension inférieure à 120 m^2. Son assortiment est presque totalement alimentaire;

● **la supérette**: magasin de détail d'une surface de vente de 120 à 400 m^2, à nette prédominance alimentaire;

● **le super-marché**: magasin de détail d'une surface de vente de 400 à 2 500 m^2, vendant l'ensemble des produits alimentaires (y compris la boucherie) avec un choix plus ou moins important de marchandises

non-alimentaires d'achat courant;
● **l'hyper-marché**: très grande unité de vente au détail d'une surface de vente supérieure à 2500 m², présentant un très large assortiment en alimentation comme en marchandises générales;
● **le Cash and Carry** (libre-service de gros): entrepôt pour acheteurs professionnels.

Apart from the differences in size, how would you distinguish between
    (*a*)   the two smallest kinds of self-service shop?
    (*b*)   the supérette and the supermarché?
    (*c*)   the hypermarché and the Cash and Carry?

*   **R96**   *Among the wild animals still surviving in France are the brown bears of the Pyrenees.*

Le plus menacé de nos mammifères terrestres: l'Ours brun

Le confinement pyrénéen de l'Ours en France est relativement récent puisque cet animal a été éliminé d'Alsace en 1760 et a disparu des Alpes en 1937. A cette date, il en restait environ 200 dans les Pyrénées alors que subsiste aujourd'hui une vigntaine d'individus dans tout le massif.

L'Ours mange essentiellement des végétaux, soit 75% de son régime alimentaire qu'il complète par du miel et des fourmis. Il est également carnivore et tue occasionnellement des brebis, surtout lorsqu'il sort au printemps après 5 mois d'hibernation.

Leur forte régression relève de plusieurs causes. «Celles qui mettent directement l'animal en péril sont, le poison et le fusil. Le berger, pour qui L'Ours est un ennemi héréditaire, règle, en effet, ainsi ses comptes avec l'auteur des dégâts de son troupeau. Toutefois, la pression des bergers sur l'Ours est moins forte qu'autrefois du fait d'une indemnisation systématique du Parc national.

Les autres causes relèvent de la modification générale du biotope de l'Ours. Avec l'exploitation moderne de la forêt, les routes et chemins, ouverts pour accéder en montagne aux lieux de coupes, deviennent autant de voies nouvelles pour les ramasseurs de champignons, pour les chasseurs et surtout, l'été, pour les touristes en voiture.

Il faut dire que, comble de malchance, les 9/10 de la population ursine se trouvent en dehors du Parc national des Pyrénées. Or, pour sauver l'Ours il faut: l'approbation et la volonté des populations locales, une compensation économique à tous les préjudices imputables à l'ours, et la mise en place de solutions techniques réglementaires adaptées au contexte local et à la biologie de l'Ours; adaptation de la gestion forestière, limitation de la pénétration touristique dans le biotope, protection du bétail par des systèmes sonores ou des répulsifs et une réglementation spécifique de la chasse.»

Biotope   habitat

A How many brown bears are there in the Pyrenees?
  (*a*) 200.
  (*b*) 20.
  (*c*) 1760.
  (*d*) 1937.

B What is the bear's diet?
  (*a*) Completely herbivorous.
  (*b*) Completely carnivorous.
  (*c*) 75% carnivorous.
  (*d*) 75 % herbivorous.

C What new factor do the bears have to contend with?
  (*a*) Poison.
  (*b*) Shepherds.
  (*c*) Tourists.
  (*d*) Authors.

D Which of these plans is **not** mentioned in the campaign to save the population of bears?
  (*a*) Banning the use of poison.
  (*b*) Co-operation of local inhabitants.
  (*c*) Restrictions on tourists.
  (*d*) Restrictions on hunting.

R97   *You see this sign as you enter a village.*

What does it announce?

R98   *Walking around Lyon, you see this road sign.*

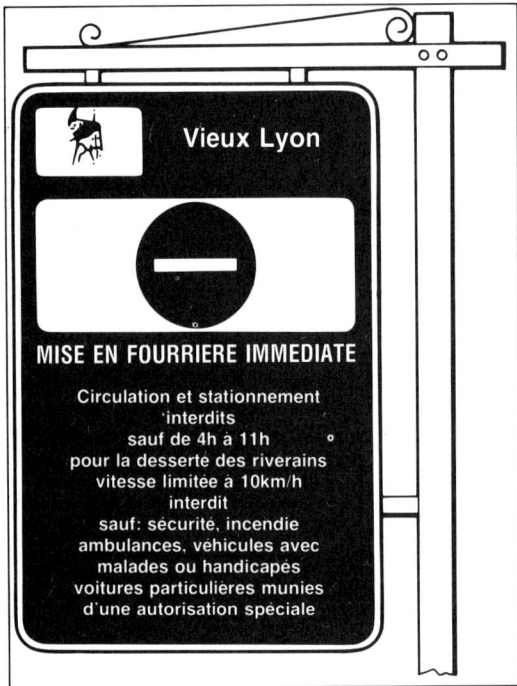

Vieux Lyon

MISE EN FOURRIERE IMMEDIATE

Circulation et stationnement
interdits
sauf de 4h à 11h
pour la desserte des riverains
vitesse limitée à 10km/h
interdit
sauf: sécurité, incendie
ambulances, véhicules avec
malades ou handicapés
voitures particulières munies
d'une autorisation spéciale

a   What is forbidden in this area with a few exceptions?

b   When is access allowed to residents?

c   What rule must all traffic observe?

d   Which five groups of exceptions are there?

* R99   *This cartoon appeared in a French magazine many years ago.*

«Oui! oui!' j'comprends très bien le mécanisme
mais, par exemple ce que je ne comprends pas,
c'est que ça marche sans chevaux.»
Dessin de Galanis paru dans Le Rire, au
début du siècle.

Explain the caption.

R100   *You are browsing through a magazine which announces sales in clothing shops.*

> **Marcel Bur**: à partir du 5 juillet, ce discret paradis de l'homme d'affaires chic et smart offre costumes, pantalons et chemises, à moins 20% et 30%.

a Who is being encouraged to go this shop?

b On what three kinds of goods would reductions be found?

 R101   *In order to choose a ski-resort, you could make use of a table like this.*

L'Isère

MAISON DU TOURISME DE GRENOBLE 14, rue de la République, 38000 Grenoble, ✆ (76) 54.34.36

N'hésitez pas à les contacter de notre part, vous recevrez un accueil chaleureux et vous obtiendrez tous les renseignements concernant les stations et les foyers de ski de fond du Dauphiné.

HORLOGE DES NEIGES DE GRENOBLE ✆ (76) 54.30.80

Avant de partir, un coup de téléphone indispensable qui évitera toute surprise, et vous donnera l'état du manteau neigeux.

stations	distance de Lyon	km depuis la sortie d'autoroute itinéraire	n° de tél. office du tourisme	altitude station plus haut sommet	remontées mécaniques	pistes V + B	pistes R + N	centre ski de fond	ski d'été	prix forfait 1/2 journée	prix forfait journée	prix forfait semaine	type de station
ALPE D'HUEZ	165 km	sortie Grenoble 60 km par Bourg-d'Oisans	(76) 80.35.41	1860-3350	44	16 11	12 6	X	X	39	56	316	S
AUTRANS	120 km	sortie Veurey 36 km par Sassenage	(76) 95.30.70	1050-1710	2	4 3	2	X			27	165	SF
CHAMROUSSE	130 km	sortie Grenoble 27 km par Uriage	(76) 97.02.65	1650-2250	22	5 4	5 6	X		30	43	220	T

a What kind of information would you obtain if you telephoned 76 54 30 80?

b Who provided the information on the resorts and facilities available on 76 54 34 36?

c Which ski-resort has the lowest altitude?

d What is the telephone number of the information centre of the resort furthest from Lyon?

e What is the daily rate for ski-ing at Chamrousse?

f At which resort is there no half-day rate?

g Where could you continue ski-ing in the summer?

h How far from the motorway is the resort with the highest peak?

R102 *While you are in France, you decide to join the Youth Hostelling organisation, and are given this pamphlet to read.*

LA CARTE D'ADHERENT DE LA F.U.A.J. ...
Un véritable passeport international des jeunes...

LA CARTE DES AUBERGES DE JEUNESSE... A QUOI SERT-ELLE ?
La carte individuelle F.U.A.J. est nécessaire pour participer aux activités et voyages organisés à l'intention des jeunes.

LA CARTE DES AUBERGES DE JEUNESSE... C'EST AUSSI UN VERITABLE PASSEPORT INTERNATIONAL DES JEUNES...
La carte individuelle F.U.A.J. est valable dans toutes les Auberges de Jeunesse tant en France qu'à l'étranger. Elle donne accès à 5.000 installations réparties dans 52 pays. Elle est annuelle (valable du 1er Janvier au 31 Décembre).
Avantage complémentaire pour les jeunes qui adhèrent pour la première fois : la carte, en vente à compter du mois d'Octobre, est immédiatement utilisable !

COMMENT OBTENIR LA CARTE D'ADHERENT DES AUBERGES DE JEUNESSE :
Il suffit de présenter et de remettre les pièces suivantes :
- bulletin d'adhésion individuelle (rempli avec soin en caractères d'imprimerie)
- pièce d'identité (par correspondance : photocopie de la carte d'identité recto/verso)
- photo d'identité de face (par correspondance : indiquer nom et prénom au dos)
- autorisation des parents pour les MOINS DE 18 ANS (ou signature du bulletin par ces derniers)
- règlement de la cotisation (voir tarifs). Par correspondance : joindre un chèque postal (3 volets) ou bancaire établi à l'orde de "AUBERGES DE JEUNESSE/FUAJ" sans autre indication. Ajouter 4 F. pour frais d'envoi.

LES PRIX EN AUBERGES DE JEUNESSE	
PRIX ADHESION INDIVIDUELLE :	**REPAS :**
Carte F.U.A.J. internationale valable du 1er Janvier au 31 Décembre :	petit déjeuner .... 8,00 F.
- moins de 18 ans = 10 F.	déjeuner ou dîner (boissons non comprises). 26,00 F.
- de 18 à 26 ans = 30 F.	
- plus de 26 ans = 50 F.	
HEBERGEMENT :	**SACS DE COUCHAGE :**
catégorie "Auberge de Jeunesse"........ 25,00 F.	● Location dans certaines A.J. 1 nuit (et jusqu'à 7 nuits)....................... 8,00 F.
catégorie "Auberge de Jeunesse simple" ... 21,00 F.	● Vente à nos Bureaux d'Accueil ou A.J.
catégorie "relais"....................... 15,00 F.	importantes............................. 50,00 F.

a What do you need the member's card for?

b What is the validity (area and period) of the card?

c What special offer is made to attract new members?

Tick against the details of the documents and fees that must be provided when first joining:

	by 16-year old	by 19-year old
d application form		
e proof of identity		
f identity photograph		
g parents' authorisation		
h subscription of 30 francs		
j subscription of 10 francs		

In addition, if applying by post, what special instructions have to be followed?

k proof of identity ....

l identity photograph ....

m method of payment ....

n cost of postage and packing ....

o Which of the organisation's premises have sleeping bags for sale?

p What kind of a meal would you obtain for 26 francs, according to the information given?

R103 *When you buy some mushrooms, you are reminded of this good advice by a notice about healthy eating.*

> **CONSOMMER** – les champignons avec modération et seulement les exemplaires dont on est absolument sûr.

What is the important advice this gives about eating mushrooms?

 R104 *Looking through a French magazine, you see this article about families in Algeria.*

Familles algeriennes

Nous voyons souvent vivre près de nous des familles algériennes sans bien les comprendre. Camille Lacoste-Dujardin – ethnologue spécialisée dans l'étude de la famille algérienne – nous en parle:

«Quand une jeune fille algérienne rêve de

son avenir, que désire-t-elle? Se marier. Avoir 7 garçons, et pour avoir 7 garçons, il faudra bien qu'elle ait quelques filles.

«Cette grande famille rassemble autour du père les fils vivants, en général quatre ou cinq, leurs épouses et leurs enfants.

«Les futurs époux ne se choisissent pas, ils sont mariés par leur famille. C'est à la mère du garçon que revient de choisir la femme de son fils. «*Je te prends, à condition que tu ne me prennes pas l'amour de mon fils*», dit-elle parfois à sa future bru.

«On ne se marie pas parce qu'on s'aime, mais pour avoir des enfants, beaucoup d'enfants. Un mariage non fécond peut être dissous. La femme stérile répudiée retourne chez son père ou son frère, mais elle vit alors sans statut, à charge de la famille. Si elle est jeune, son seul espoir est de trouver un autre mari. Si elle ne donne naissance qu'à des filles, elle risque aussi la répudiation et dans ce cas, ses filles resteront la propriété de la famille de son mari. Etre mère, et mère d'un garçon, confère à la femme un statut social, lui donne de l'autorité et du pouvoir, et elle cherchera par des naissances régulières à conserver et consolider sa position. La pre-mière éducation des enfants lui est confiée sous la surveillance de la mère de son mari.

«Les garçons comme les filles vivent dans le monde des femmes; ils accompagnent leur mère au hammam, ce lieu où les femmes prennent des bains de vapeur.

«Ensuite, le père prend le relais pour l'education de son fils qui entre alors dans le monde des hommes. Mais entre le garçon et le père subsiste toujours, une distance. Le père reste lointain, puissant, contraignant, peu affectueux, alors que le rapport avec la mère dure longtemps, fait de passion et de violence.

«Pendant cette période la fille, elle, se prépare à devenir épouse et mère.

«Affrontée à d'autres réalités comme la vie en ville, le travail en usine, l'émigration, cette structure familiale bien adaptée à un système patriarcal et agricole, subit des tensions et pose de graves questions: avoir une douzaine d'enfants dans un appartement en ville, sans recevoir le soutien quotidien de la grande famille n'est pas aisé! Pour une fille qui a acquis un certain niveau d'études, accepter une telle domination de l'homme n'est pas non plus toujours possible.»

Compare the French text with the following summary in English, and point out the mistakes that the English summary makes. Give the correct form in your answer. There are five mistakes in this summary.

Camille Lacoste-Dujardin has specialised in the study of the Algerian family and reports that the principal desire of an Algerian girl is to marry and have seven sons. In the process, it is likely that she will have some daughters. The whole of this large family lives with the father of the young woman.

Young people cannot choose their own spouses, but have them chosen for them by the family. In such cases, the bride's mother chooses a groom. The reason for marriage is not love but the need to produce sons. An infertile marriage is dissolved, and the rejected wife can only hope for another husband. If a marriage results only in girl children, it can also be dissolved, and the mother has to take charge of the girls in these circumstances.

The education of the children is firstly the responsibility of the mother, and later taken over by the father. Fathers show great affection for their sons, and remain very close to them.

The industrial development and urbanisation of modern Algeria has threatened this system. A family of 12 in a small town flat does not have an easy life! However girls are still ready to accept this male domination very readily.

R105

Your search for sale bargains leads you to notice this announcement in a magazine.

Gullipy: à partir du 2 juillet, prévoyez la rentrée des classes avec les sacs, parfaits pour partir en vacances à moins 30% 40% et 50%. Prévoyez la pluie aussi, les imperméables sont en fête.
66, rue de Babylone, 75007 Paris. Tél.: 705.54.15 et 30, avenue de Friedland, 75008 Paris. Tél.: 622.42.90.

a What two articles are being advertised here?

b Why might you need to buy them for the holidays?

R106

You see this information in a leaflet about Chartres.

CONNAISSANCE DE CHARTRES

VISITES DE LA CATHÉDRALE
En dehors des offices religieux
En *langue française* par les conférenciers de la Caisse Nationale des Monuments Historiques, tous les jours en semaine à 11 h et 15 h et sur rendez-vous. Les dimanches et jours de fêtes religieuses, à 15 h.
S'informer au stand à l'intérieur de la Cathédrale.
Visites en langues anglaise et allemande.

VISITES DE LA VIEILLE VILLE
Pour groupes constitués.
Sur rendez-vous auprès de l'Office de Tourisme, Tél. 37 21 54 03.

a In which languages apart from French are guided tours of the cathedral provided?

b How would you obtain such a guided visit outside the stated times?

c Which other guided tours are available, and to whom?

R107

You would be well advised to check on the details here before visiting the port area of Bordeaux.

Visites du port.

Plusieurs vedettes assurent les visites du port et des excursions nautiques sur la Garonne et la Gironde, en amont et en aval. Visites d'une heure trente, de la demi-journée ou de la journée, certaines avec repas à bord.
Tous renseignements à l'Office de Tourisme.

a Which three kinds of boat trips around the port are offered?

b What is sometimes provided as well?

R108 *This advertisement for electrical goods attracts your attention.*

2 CENTRES EAF A ROUEN

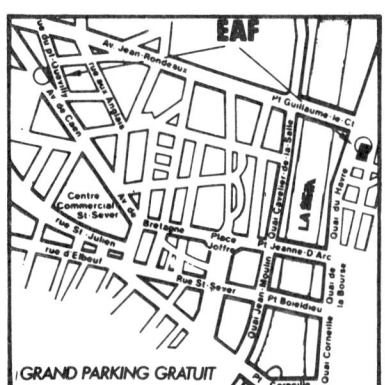

Rouen I. Rive droite 72, Quai du Havre

71.89.27
71.49.68

Ouverture non-stop toute l'année
le lundi de 10 h à 19 h,
du mardi au samedi de 9 h 30 à 19 h.
Nocturne le jeudi jusqu'à 21 h.
Ouvert tout le mois d'août.

Rouen II. Rive gauche 42, avenue de Caen

72.25.18

Ouverture non-stop toute l'année
du mardi au samedi de 9 h 30 à 19 h.
Ouvert tous les lundis de 14 h
à 19 h jusqu'au
3 août inclus.

EAF

GRAND PARKING GRATUIT

**Installation rapide
(1 h à 3 h)
sans rendez-vous.**

Adaptateur FM Audiovox.
Transforme   votre   auto-radio
PO-GO en autoradio PO-GO-
FM - Adaptable
sur tous
véhicules.   **99 F**

Téléphone sans fil*.
Pour téléphoner et recevoir des
appels
jusqu'à
300 mètres.   **1499 F**

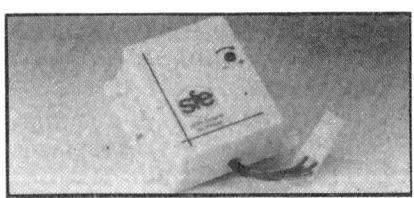

Antivol SFE.
Déclenche l'avertisseur auto à
la moindre tentative
d'ouverture des
portes.   **195 F**

Show by ticking under the appropriate shop name which one is accurately described by these statements.

	Rouen I	Rouen II	Neither shop

a Opens late on Thursdays

b Closed on Tuesdays

c Closed on Monday mornings

d Near to Centre Commercial Saint-Sever

e Closes at 7.0 p.m. each weekday

f Open on Sunday

g What kind of notice is necessary for equipment to be installed?

h What will trigger off the car anti-theft device?

i For which vehicles is the radio adaptor suitable?

j What warning is given relating to the cordless telephone?

 R109 *When you arrive at the seaside town of La Rochelle, you find a less common form of public transport.*

LE BUS DE MER À LA ROCHELLE

Comme le titrait un journal local à l'époque de la mise en service du bus de mer, on pourrait demander: «Maman, les autobus qui vont sur l'eau ont-ils des jambes?» Ni jambes, ni pneus, mais un simple moteur diesel pour propulser un bateau de 35 places qui relie en un quart d'heure le vieux port de La Rochelle au nouveau port de plaisance (le plus grand d'Europe), «Les Minimes», situé à l'extérieur de la ville.

Affrété pour 1 800 F/jour (été 1982) à un marin-pêcheur, le «Fantômas» a circulé tous les jours de juillet à septembre, toutes les heures de 9 h à 23 h pour la modique somme de 5 F. Ce tarif permis d'avoir une recette journalière de 2 000 à 2 500 F ce qui en a fait un service (presque) bénéficiaire, pour l'instant le seul d'ailleurs . . .

a Give as full a description as possible of the *bus de mer.*

b What service does it provide, and how frequently?

c During what period of the year does it operate?

d When is the first departure each day?

R110 *As you want to make a phone-call, you go in the shop with this sign in the window.*

Pour téléphoner,

sans monnaie,

la **TELECARTE**

EST EN VENTE ICI.

Affichette apposée chez les commerçants qui vendent la télécarte.

a What is the advantage claimed for this product?

b Where would you see this poster?

 R111 *Following all the advice you have received about eating in a healthy fashion, you wonder about buying this product.*

Les Krisprolls sont arrivés!

Les Krisprolls : de drôles de petits pains grilles, croustillants et moelleux à la fois, venus tout droit de Suède.
Au petit déjeuner, au goûter, vous en ferez de délicieuses tartines. Nature, ils remplaceront avantageusement le pain ou les biscottes de vos repas : les Krisprolls sont pauvres en calories, mais riches en fibres.
Avec du saucisson, du fromage, du saumon ou tout autre accompagnement de votre choix, ils apporteront une note originale à un "brunch" ou un petit dîner entre amis. Les krisprolls vous donnent toujours de bonnes idées!

Pains Grillés Suédois
KRISPROLLS

a From which country do Krisprolls come?

b What meals are they most suitable for, according to this advertisement?

c What other foods could they replace?

d What food could they accompany?

e What dietary advantages do they have?

R112 *You are amazed at the high level of road accidents in France, and work out the implications of these statistics.*

NOMBRES DE TUÉS SUR LA VOIE PUBLIQUE	
1953	7 668
1960	8 876
1965	13 001
1970	15 087
1972	16 617
1975	13 170
1977	13 104
1978	12 137
1983	–de 12 000

RÉPARTITION DES VICTIMES PAR CATÉGORIES AU DÉBUT DES ANNÉES 70	
Automobilistes et passagers	51%
Piétons	19%
Cyclomotoristes	16%
Motocyclistes	5%
Occupants d'un véhicule utilitaire ou agricole	5%
Cyclistes	4,3%

a What does the first table show?

b In the second table, when were the percentages calculated?

c What is the proportion of users of two-wheeled vehicles?

d Who make up the largest single category?

R113 *This article is about the experience of a French girl with Algerian parents in school in France.*

Malgré tous les handicaps rencontrés, un certain nombre de jeunes, surtout des filles, se battent pour réussir. Une jeune Algérienne, née en France, commente son entrée en L.E.P., section «couture».

«Le L.E.P. m'a appris beaucoup de choses, sur tous les plans. J'ai appris à me défendre, à avoir des amies, un métier, et surtout, ce que j'aimais c'était la solidarité. (. . .) En première année, nous étions vingt-cinq, quinze en troisième. En mécanique, la même année que moi, en première année: quarante-cinq élèves, en troisième année, vingt-huit.

Les autres ont été renvoyées et sont maintenant voyous, délinquants, voleurs, ou alors en prison. Peu s'en sont sortis, et ils regrettent tous d'avoir fini comme ça (. . .)

Je suis sortie avec mon C.A.P. Je m'en suis servi deux ans dans une usine de confection d'où je me suis fait renvoyer. (. . .) Voilà pourquoi j'ai décidé de reprendre mes études et de m'orienter vers une formation d'éducatrice. Je ne sais pas si j'y arriverai, mais j'essaierai par tous les moyens. Je suis patiente et j'attendrai le temps qu'il faudra pour réussir à aider les jeunes qui ont besoin de quelqu'un qui les écoute et les comprend.»

L.E.P. = Lycée d'Enseignement Professionnel
C.A.P. = Certificat d'Aptitude Professionnel

a What are the four things that the girl learnt at the LEP?

b What happened to the numbers of students on her courses?

c How does she explain this?

d What experience did she have before deciding to retrain as a teacher?

e Why has she made this decision?

 R114   *Read the text about athletics events and answer the questions below.*

L'athlétisme

L'athlétisme est véritablement le sport roi des Jeux Olympiques. Il figure d'ailleurs au programme depuis leur création, en 1896.

Si aujourd'hui le programme olympique comprend vingt-quatre épreuves masculines et dix-sept épreuves féminines, l'évolution a été profonde au cours des olympiades passées. Ainsi, l'athlétisme féminin n'y fut-il admis qu'en 1928 et encore ne comportait-il que cinq épreuves.

LE PROGRAMME MASCULIN

– Le sprint (100 m, 200 m et 400 m)
– le demi-fond court (800 m et 1 500 m)
– le demi-fond long (5 000 m et 10 000m)
– le fond (marathon, 42 km 195 m)
– la marche athlétique (20 km et 50 km)
– les courses d'obstacles (110 m et 400 m haies, 3 000 m steeple)
– les relais (4 × 100 m et 4 × 400 m)
– les sauts (hauteur, longueur, perche, triple-saut)
– les lancers (poids, disque, javelot et marteau)
– une épreuve combinée (décathlon).

LE PROGRAMME FÉMININ

– Le sprint (100 m, 200 m et 400 m)
– le demi-fond court (800 m et 1 500 m)
– le demi-fond long (3 000 m)
– le fond (marathon, 42 km 195 m)
– les courses d'obstacles (100 m et 400 m haies)
– les relais (4 × 100 m et 4 × 400 m)
– les sauts (hauteur et longueur)
– les lancers (poids, disque et javelot)
– une épreuve combinée (héptathlon).
Ce sera, cette année, la première fois que le 3 000 m, le marathon et le 400 m haies figureront au programme olympique féminin.

La hauteur des haies et le poids des engins de lancer diffèrent selon les sexes. Toutes les courses se disputent sur une piste de 400 m à huit couloirs et les concours, sur des aires d'élan · ou de lancer situées à l'intérieur du stade olympique; seuls le marathon et les épreuves de marche sortent de l'enceinte du stade.

a What is the numerical difference between the athletics events open to men and to women?

b What happened in 1928?

c Apart from the differences in distance, which events are open only to men?

d Name two events only recently open to women.

e What does the text say about the height of the hurdles?

* **R115** *This short extract shows how the vast numbers of Paris commuters are served by the various rail services.*

Trains de banlieue

En région parisienne (20% de la population française), sur les quelque 4 millions de transports journaliers entre Paris et sa banlieue, 40% sont effectués par transports individuels et 60% par transports collectifs. La voie ferrée à elle seule assure le tiers de ces déplacements quotidiens.

En 1983, 456 millions de voyageurs ont emprunté les trains de banlieue. Ces transports journaliers sont caractérisés par deux pointes de trafic le matin et le soir. A titre d'exemple, la gare Saint-Lazare voit passer chaque jour près de 400 000 voyageurs et plus de 50 000 d'entre eux arrivent entre 8 h et 9 h et repartent entre 17 h 30 et 18 h 30! Pour répondre à une demande qui a presque doublé en 20 ans, la SNCF, outre la création de lignes nouvelles, a participé à la création du R.E.R. (Réseau Express Régional) qu'elle exploite en commun avec la RATP.

a What proportion of daily journeys between Paris and the suburbs is made by private transport?

b What proportion is provided by rail?

c What are we told about the daily traffic flow at the Gare Saint-Lazare?

R116 *At the entrance to a bus, you see these signs above the doors.*

Which door (left or right) would you use if you needed to buy a ticket?

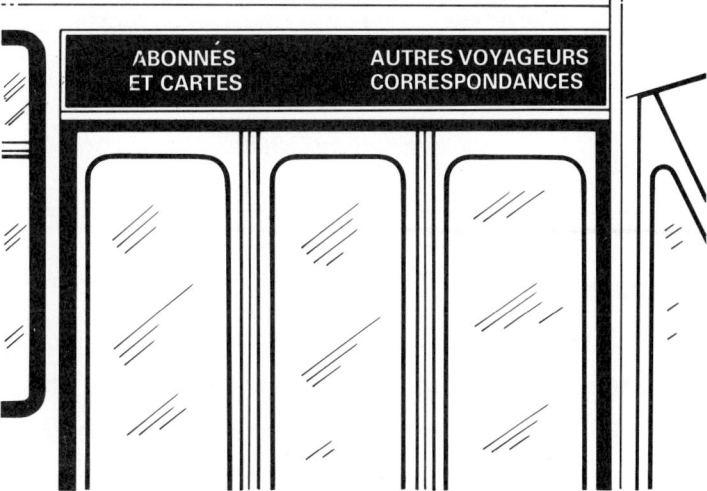

R117   *On leaving the bus, you see this notice above the exit.*

What does it warn you
against?

> NE PAS DESCENDRE AVANT
> L'ARRÊT COMPLET
> DE L'AUTOBUS

R118   *You find this list of recommended restaurants which helps you to narrow
down your choice.*

LE CAFÉ DE LYON La Part-Dieu.

*Le Café de Lyon propose de très bonnes spécialités lyonnaises dans un cadre
rétro; garçons en grands tabliers blancs, dessus de table en marbre, tout est
dans le style bistrot. Bonne cuisine à des prix raisonnables.*

LA MARMITE EN BOIS 1 rue Dumont 4ᵉ, ∅ 28.13.56 Fermé samedi soir et
dimanche. Service jusqu'à 21 h. Menus; 24 F, 31 F, 50 F et 39.50 F.

Un petit resto sympa à la Croix-Rousse, il est prudent de retenir.

LE GADANET 3, rue Gadagne, 5ᵉ, ∅ 37.54.15.

*Lorsque le patron est de bonne humeur, l'accueil est plutôt chaleureux. Sympa
et pas cher.*

LE RABOLIOT 16, rue Lainerie, 5ᵉ, ∅ 28.99.14. Fermé le lundi, Menu à 35 F.
Carte Service jusqu'à minuit.

*Un service un peu long vous permet d'apprécier les guitaristes, mais surtout
vous laisse le temps de savourer votre tarte à l'oignon en attendant
d'excellentes entrecôtes.*

LE KNOX 3, rue Confort 2ᵉ, ∅ 42.22.17. Fermé le dimanche et le lundi midi.
Menu le midi: 32 F et carte le soir (environ 60.80 F).

*Une diversification réussie. A midi, vous y mangerez un pot-au-feu digne de
celui de votre grand-mère.*

---

a If you wish to eat at Monday lunchtime, where must you remember not to go?

b In which restaurant would you find a traditional style of decoration and dress?

c For which first course is the Raboliot recommended?

d What is the disadvantage for the client of the Raboliot?

e Whose cooking does the food served at Le Knox remind you of?

f Which restaurants allow you to choose from a menu, as well as offering set meals?

R119   *The French telephone authorities are advertising one of their services.*

NUMÉRO VERT : VOUS NE PAYEZ PAS LA COMMUNICATION.

16.05 et six chiffres, c'est un Numéro Vert! Et quand c'est un Numéro Vert, où que vous soyez en France, vous ne payez pas la communication téléphonique. L'entreprise que vous appelez vous fait une fleur et paie pour vous, quelles que soient la distance et la durée de l'appel!

Le Numéro Vert, c'est le numéro-cadeau, le numéro-dialogue, le numéro-privilège des entreprises qui ont envie de se rapprocher de vous, de faire plus pour vous.
Alors, préférez les Numéros Verts! Et où que vous soyez composez

toujours le 16.05.
Vous êtes une entreprise? Et vous n'avez pas encore de Numéro Vert? Pour vous renseigner, appelez le 16.05.00.00.01, l'appel est gratuit, puisque c'est un Numéro Vert, celui des Télécommunications.

a How do you dial a Numéro Vert?

b Who pays for the call?

c What would you find out by telephoning the number given?

R120   *This extract from a pamphlet tells you about the correct procedures to follow when swimming at the seaside.*

Au Bord de l'eau

Baignades non surveillées : un danger est toujours possible. Ne vous baignez jamais seul. Ne quittez pas vos enfants des yeux, meme s'ils savent nager. Entrez progressivement dans l'eau. Prenez garde après un bain de soleil prolongé, un effort intense ou un grand repas.

Si quelqu'un vous paraît en difficulté dans l'eau, donnez aussitôt l'alerte.

a What two things must you not do?

b What must you be careful of?

c In what circumstances should you get help?

 R121 *Read the following information about CCFD, and answer the questions below.*

Le CCFD

Le CCFD, né en 1961 au moment du lancement par la FAO de la campagne mondiale contre la faim, s'est donné trois priorités:
– soutenir des projets concrets de développement, en particulier dans le Tiers-Monde, élaborés et réalisés par les habitants eux-mêmes, sur place
– mener une action d'information et d'animation, en France, auprès de l'opinion publique
– témoigner de la solidarité au plan international, en agissant pour que la voix des hommes et des peuples les plus pauvres soit entendue et leurs droits respectés.

Pour cela, il travaille avec de nombreuses organisations non gouvernementales, françaises et internationales.

a What other event took place on the world scale when the CCFD was established?

b Where would CCFD be most active, outside France?

c What was its role within France?

d Which group of people was it principally intended to support?

e How does it keep in touch with its members?

f What publications are produced?

LES RÉALISATIONS

● 2 900 équipes locales
● un Comité CCFD dans chaque département
● 600 projets de développement financés dans 80 pays, chaque année
● 50 000 jeunes qui participent aux «Opérations Jeunes»
● en 1982, les sommes versées au CCFD s'élevaient à 60 000 000 F.F
● CCFD-INFO, le journal de la solidarité, est tiré à plus de 300 000 exemplaires
● les dossiers Faim/Développement (mensuels)

R122 *Hélène Vanner is the name of a shop you notice in the advertisement columns of a magazine.*

hélène vanner

SOLDE

ses plus jolis vêtements, de la naissance à 16 ans

40% ET **50%**

de remise, et

20 % sur articles non soldés jusqu'à fin juin.

402, RUE SAINT-HONORE

a For which age-range does Hélène Vanner provide clothes?

b What kind of reductions are there for goods in the sale?

c By how much are goods not in the sale reduced?

d When does this last offer end?

e What is the address of the shop?

R123 *You are interested in taking tennis training sessions, and so read this announcement with care.*

TOUTES LES FORMULES DE STAGES A PARIS

Toute l'année à Paris, la gamme complète Tennis-Action dans 11 centres de stages :

A Stages longue durée :
1 h par semaine pendant plusieurs mois.

B École pour enfants :
tous les mercredis ou samedis après-midi.

C École compétition :
1 a 4 entraînements de 1 h 30 par semaine.

D Stages week-end :
8 h de tennis sur deux jours.

E Stages intensifs :
une semaine à raison de 2 h ou 4 h par jour.

F Préparation monitorat :
Tronc commun, partie spécifique, entraînement tennis haut niveau.

SEPTEMBRE 86 TENNIS ÉTUDES

Tennis Études :
pour les jeunes de la 4e à la terminale, désirant concilier les études avec le tennis à mi- temps.

Write the letter of the tennis course which best suits the needs of

a a child

b someone who can spend a short time each day for a week on a course

c teenagers who are keeping up their studies

d someone who is unable to attend on working days

e a busy person only able to devote a short time each week, but who is sure of being able to continue for up to a year

 R124   *This article appeared in a magazine in a series devoted to popular pastimes.*

Notre pays dispose de 272 000 km de rivières et de 150 000 ha d'eaux closes auxquels vient s'ajouter le plus gigantesque des réservoirs à poissons: des milliers de kilomètres de côtes et embouchures. Il y a en France quelque 2,5 millions de pêcheurs ayant acquis les timbres piscicoles annuels (28,50 F le timbre ordinaire 1985 et 51,50 F le supplément pour carnassiers et rivières de 1re catégorie, celles où prédominent les salmonidés). A ces pêcheurs licenciés ajoutons leurs épouses, les enfants de moins de seize ans et ceux qui pêchent en mer ou en étang privé et n'ont pas à acquitter de droits: voilà en tout un peu plus de 5 millions de pêcheurs.

La pêche est pour 85% d'entre eux une détente. Pour les 15% restants c'est une passion.

Plus de la moitié des pêcheurs consacrent au moins 50 jours par an à leur sport favori et dépensent 2 500 F à 5 000 F et plus pour le pratiquer. C'est le prix de leur plaisir.

a Name three places mentioned where fishing takes place.

b What is the price of a basic fishing licence?

c Who are the 2.5 million who do not have to pay licence fees?

d What does it say about the time anglers spend at their hobby?

 R125   *Read this article about the history of car manufacturing in France, and answer the questions set below.*

André Citroën: la production en série

Henri Ford, aux États-Unis, produit entre 1908 et 1927 20 millions de Ford T. André Citroën est le premier Européen à pressentir que l'avenir de l'industrie automobile est dans la production de masse. En avril 1919, il annonce «la première voiture française construite en grande série», la Citroën 10 HP type A. La mise au point du travail «à la chaîne», selon les méthodes de l'Américain Taylor, demande du temps; mais André Citroën gagne la partie: la démocratisation de l'automobile est enfin en marche! Elle va s'affirmer en 1924, avec la sortie de la B 10, première voiture européenne «à carrosserie tout acier», composée d'éléments assemblés par soudure. Cette invention américaine révolutionne l'industrie automobile. Elle coûte cher en investissements, mais elle permet une très importante économie de main-d'œuvre. Et les voitures tout acier sont beaucoup plus solides que celles que l'on assemblait jusque-là, où le bois tenait autant de place que l'acier!

Nouveau coup d'éclat Citroën en 1921, avec le lancement de la HP, une charmante petite voiture décapotable, économique (320 cm de longueur), mais rapide et confortable. Lancée en 2 places, elle en offrira 3 en 1923 et sera alors baptisée « Trèfle».

André Citroën a vu juste: dès 1920, il devient le premier constructeur français (20 200 voitures produites, contre 8 900 Renault) et en 1924, 67 400 voitures sortent des usines du quai de Javel, à Paris (25 000 Renault et 14 830 Peugeot). Mais il s'entête à vouloir vendre ses voitures trop bon marché et il connaîtra de graves difficultés financières, qui aboutiront, en 1935, l'année de sa mort, à l'absorption de sa société par Michelin.

Acier Steel   **Soudure** Welding
Main d'œuvre   manpower

a   What is André Citroën's claim to fame?

b   What occurred in 1919?

c   What technical development took place to allow him to make a further announcement in 1924?

d   What was the advantage of the new technique for the maker?

e   In what way did it improve the product?

f   Why was Citroën's firm taken over by Michelin in 1935?

R126   *Leafing through a holiday brochure, you see this information.*

Haute-Loire
Volcans et champignons

Le village de vacances PTT à Lizieux-Mezenc ouvrira de la mi-juin à la mi-septembre.
Activités : pêche, cueillette, découverte de cette région volcanique, jeux, danse. Tennis, équitation, golf, voile et planche à voile dans un rayon de 10 km. **Tarifs :** de 85 F à 119 F pour les adultes, (dégressifs pour les enfants).

a   When does the holiday village open?

b   For whose employees is it provided?

c   What is available in the area for the sports enthusiast?

R127   *As you enter a village, you see this roadside notice.*

ATTENTION
1000 ENFANTS
FRÉQUENTENT
CETTE ROUTE

What does it tell you?

R128   *On this postbox, you are given some important information.*

What are you told not to put in this box?

POSTES

NE PAS JETER DE JOURNAUX

DANS CETTE BOITE

R129   *Here is a selection of advertisements from a local community publication.*

LYON MUSIQUE
SAINT-JEAN
68, rue Saint-Jean - 42.11.79
Voie piétonne

V I E U X   L Y O N

GRATUIT - Réglage de grande précision
sur guitares et basses
MAGASIN SPÉCIALISÉ

vins en gros
MURGIER S.A.
Tél. 55.24.51
10, rue des Ecoles
01700 MIRIBEL

MAROQUINERIE
VOYAGE
PARAPLUIE
Roche & Cie
Téléphone (78) 72.11.54
38, cours Gambetta / 69007 LYON
maison fondée en 1922

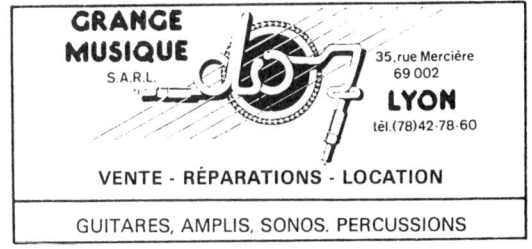

GRANGE
MUSIQUE
S.A.R.L.
35, rue Mercière
69 002
LYON
tèl.(78)42·78·60

VENTE - RÉPARATIONS - LOCATION

GUITARES, AMPLIS, SONOS. PERCUSSIONS

a What are we told about the length of the rue Saint-Jean containing No. 68?

b What instruments are the subject of a free check at Lyon-Musique?

c In what way might Roche et Cie be advising you to prepare for bad weather?

d Why do you think the Murgier have their premises outside town?

e What three services do Grange-Musique offer to their customers?

R130 *Look carefully at this advertisement for French telephones.*

UNE MINUTE D'AFFAIRES A WASHINGTON 10 F.

BAISSE DES TARIFS FRANCE-AMERIQUE DU NORD -21%

Satellites, fibres optiques, Vidéotex, les Télécommunications poursuivent leur avancée technologique. C'est elle qui permet aujourd'hui une nouvelle baisse des tarifs internationaux vers plus de 60 pays, jusqu' à 21%.
Nouveaux tarifs vers l'Amérique du Nord:
● 10,10 F la mn de 10 h à 20 h, soit une baisse de 21%.

● 7,70 F la mn de 20 h à 2 h, soit une baisse de 12%.

● 6,16 F la mn 2 h à 10 h, soit une baisse de 20%.

● 7,70 F la mn les dimanches et jours fériés français de 10 h à 2 h, soit une baisse de 12%.
Tarifs en vigueur vers l'Amérique du Nord (sauf Alaska et Hawai) depuis le 10 février 1986.

LES TELECOMS AVANCENT LES PRIX RECULENT

Based on the information in the advertisement say whether you can agree or disagree with these statements, by placing a tick in the appropriate column.

	Agree	Disagree	Not enough information
a The advertisement is mainly to attract the business user.			
b The cost of all calls to North America has fallen by 21%.			
c The new rates apply to USA, Canada, Mexico and the Carribean.			
d The smallest price reduction affects calls at mid-day.			
e The lowest cost per minute is for calls in the early morning.			
f The new rates are valid for one year.			

R131 *This is an extract from an article about the fashion market.*

Les jeunes ont maintenant de plus en plus de possibilités financières: argent de poche, travail pendant les vacances scolaires. . . Les créateurs, les vendeurs créent donc une publicité alléchante pour les jeunes. . . Des magasins spécialisés sont pour eux, qu'ils aient 6 mois, 5 ans, ou quinze ans; Nathalys, Bercher, Le petit Faune, Cacharel, Les trois pommes, le Galfa Club, le Club 20 ans. . .

Depuis la Seconde guerre mondiale, les parents, les grands-parents, les amis. . . investissent plus dans les vêtements pour les enfants. On passe moins les vêtements de l'aîné au second, de cousin à cousin. . . Le vêtement neuf a acquis son prestige. Dans certaines familles même, une sorte de concurrence existe dans l'habillement des enfants.

a Why are young people now a more attractive proposition for the people who sell clothes?

b How has the industry responded?

c What happens less frequently than it did?

R132 *Here an attempt is made to explain a robot!*

Un robot se compose toujours des mêmes éléments de base: un bras, et une tête. Le bras donne au robot entre quatre et dix possibilités de mouvement: ou utilise le terme de «degré de liberté».

Rappelons pour mémoire qu'un seul bras humain, avec sa main, possède 47 degrés de liberté.

Le bras du robot peut tourner sur lui-même et autour d'un ou plusieurs axes. L'extrémité du bras est équipée d'une main qui peut se saisir d'un outil pour travailler. Le bras, dans un robot, c'est donc la partie mécanique.

Et puis il y a la tête: c'est un *micro-processeur*, si le travail demandé au robot n'est pas trop compliqué. Sinon c'est un *ordinateur*, donc une machine un peu plus complexe.

On classe les robots en fonction du travail que leur système informatique est capable d'effectuer.

a What are the two basic parts of a robot?

b What is the maximum number of movements that a robot can carry out?

c In what way does this compare with human capability?

d What does the 'hand' of a robot do?

e What is said to be the difference between a micro-processor and a computer?

f On what basis are robots classified?

R133   *Read carefully this article about a serious health problem.*

Ne plus monter sur le podium

La France détient toujours le record mondial de consommation d'alcool. Dans notre pays, on dénombre 4 millions de buveurs excessifs. Ces dernières années, la consommation moyenne par adulte a été de 24 litres d'alcool pur.

Sur notre territoire, près de 40% des accidents mortels de la circulation et près de 15% des accidents du travail sont imputables à des personnes qui ont pris de l'alcool. C'est aussi à l'usage excessif d'alcool et de tabac que l'on attribue la surmortalité masculine dans la tranche d'âge 35–50 ans. Les meurtres et les délits se trouvent aussi multipliés par la prise d'alcool en quantité importante.

Autrefois, l'alcool était le problème des hommes, il n'en est plus de même aujourd'hui. On dénombre environ 1 million de Françaises alcooliques ou pré-alcooliques.

les délits   criminal offences

Explain the figures in a short phrase.
a In France 4 million ....

b   24 litres ....

c   40% ....

d   15% ....

e Which sector of the population is particularly at risk?

f What is the additional factor that increases this risk?

g What additional consequences does it lead to?

h How is the problem changing its character?

R134   *In a clothes shop you are looking for leather goods.*

(*a*)

CUIR.

(*b*)

IMPERMÉABLES

(*c*)

JUPES

(*d*)

COLLANTS

Which sign do you look for?

R135 *What is taking place here?*

SOLDES

R136 *What is on sale here?*

PARFUMS

R137 *What is on sale here?*

CHEMISES

R138 *In which kind of shop are you likely to see this sign?*

VÊTEMENTS POUR BÉBÉS

✽ R139 *A magazine for teenagers provided this article about women at work.*

Femmes au travail

On croit généralement que les femmes travaillent proportionnellement beaucoup plus aujourd'hui qu'au début du siècle.

Or, c'est faux.

De 1901 à 1962, le taux d'activité féminine a légèrement décru (de 36% à 27,9% de la population féminine totale). Pourquoi? Essentiellement à cause de la lente diminution de la population agricole. En 1901, 40% des femmes appartenaient à des ménages agricoles. Elles n'étaient plus que 17% en 1962.

De même dans l'industrie, les femmes étaient nombreuses dans des secteurs comme le textile ou l'habillement dont l'importance a beaucoup décliné. Par contre, la proportion de femmes n'a cessé d'augmenter dans le secteur tertiaire: 39% en 1906, 46% en 1954, 54% en 1962, 60% en 1968. C'est donc la structure de l'emploi féminin qui a changé.

Mais, depuis 1968, on assiste à nouveau à une augmentation du taux d'activité des femmes. De 1968 à 1975, le nombre des femmes au travail a augmenté de plus d'un million. Les femmes de 25 à 29 ans, mariées et en particulier qui ont des enfants, sont de plus en plus nombreuses dans le monde du travail: en 1975, 66,6% des femmes de 25 à 29 ans, mères d'un enfant de moins de deux ans, exerçaient un emploi (contre 50,5% en 1968).

Give the details required in short answers.

a Main trend in women's employment in France from 1901 to 1962:

....

b Change in proportion of women in farming households in the same period:

From ....to ....

c Two declining industries which employed women:

....................................and ....

d Size of rise in female employment from 1968 to 1975:

....

e Typical description of most working women in France nowadays:

....

R140   *You see this advertisement in a chemist's shop.*

LE LAIT VITAL PROTÉINÉ

permet pour la première fois, un régime de vitalité permanent des cheveux secs, sans les alourdir.

a For what part of the body is this product intended?

b What precise condition is it supposed to help?

R141   *Conferences by telephone are an important feature of international business. This article describes how they work.*

LA RÉUNION-TÉLÉPHONE

Elle permet le dialogue, sur le réseau téléphonique de 3, 4 et jusqu'à 20 interlocuteurs. L'organisateur de la réunion doit appeler le centre de réservation, le 16 05 300 300 (appel gratuit), au moins 2 heures avant le début de la réunion. Il communique la date, l'heure et la durée prévue de la réunion, le nombre de participants et son numéro de compte téléphonique. En échange, les Télécoms lui donnent un numéro de téléphone confidentiel. A lui de le communiquer aux autres participants qui, à l'heure dite, appelleront en même temps.●

a When does the conference organiser have to book the call?

b What information has to be provided on that occasion?

c Who tells the other participants of the special number to ring?

R142   *If you find it difficult to remember all the advice about good eating habits, perhaps these simple rules will help.*

LES TROIS RÈGLES D'OR
DE L'ÉQUILIBRE ALIMENTAIRE

● Règle n° 1 : bonne répartition des quantités dans la journée (répartition idéale en % du total consommé) :
 25 % au petit déjeuner
 30 % au déjeuner
 30 % au dîner
 15 % consommations en dehors des 3 repas principaux, par exemple le goûter pour les enfants.

● Règle n° 2 : composition équilibrée des aliments absorbés.

● Règle n° 3 : juste mesure dans les quantités

a What are the three recommended rules for healthy eating?

b In the detailed recommendations under Rule 1, what is the significance of the figure of 15%?

R143   *For those who know little about orienteering, here is some basic information.*

La course d'orientation

Réponses à 7 questions. . .

La C.O. qu'est-ce que c'est? Une course individuelle contre la montre, en terrain varié, sur un parcours matérialisé par des « postes » et que le concurrent doit découvrir dans un ordre imposé, mais par des cheminements de son choix, en utilisant carte et boussole.

Origine ? Partie de Suède vers les années 20, elle a transité lentement par l'Allemagne et la Suisse, pour arriver en France vers 1970.

Comment la pratique-t-on?

Il s'agit de découvrir des « balises » dont la position a été repérée sur la carte. L'orienteur témoigne de son passage aux contrôles en recopiant les lettres code ou en perforant son carton de contrôle avec une pince. Les « balises » ne sont pas visibles de loin et situées hors des chemins. Entre ces balises, l'itinéraire est libre.

Qui peut en faire? Tout le monde. Chacun peut choisir son parcours en fonction de ses possibilités physiques.

Avec quel matériel? Il suffit de bonnes chaussures de sport, et d'un survêtement; les cartes sont fournies par l'organisateur de la course ou le club de C.O. Une boussole ne coûte pas cher (et n'est d'ailleurs pas indispensable).

Quand le pratiquer? Il n'y a pas de saison déterminée. La C.O. peut même se pratiquer de nuit, à skis ou à bicyclette.

Où? Sport de plein air, elle se pratique surtout en forêt. Mais un terrain varié suffit.

a What was the origin of orienteering?

b Who can take part?

c What does one need in order to participate?

d Who provides the maps?

e What information is given about appropriate times and means?

f Where are most orienteering courses?

R144 *You want to find a restful part of Bordeaux in order to relax. This part of the tourist guide gives you the information you need.*

Parcs et jardins.

Bordeaux compte de nombreux espaces verts publics admirablement fleuris, en particulier :

Jardin Public. Cours de Verdun (E 2) Jardin de 10 hectares en plein centre ville. Clos par de belles grilles de fer forgé, abrite l'Hôtel de Lisleferme (Musée d'Histoire Naturelle et une élégante orangerie). Avec ses arbres centenaires, ses massifs floraux, sa rivière serpentine, son jardin botanique, il demeure l'un des endroits les plus agréables de Bordeaux. Aire de jeux pour les enfants.

Parc Bordelais. A l'ouest de Bordeaux près des Boulevards extérieurs. (Autobus n° 14 et 17 au départ du centre ville). Vastes pelouses accessibles au public, lac et promenades en bateau, piste cyclable, parcours pédestre, jeux d'enfants, buvettes.

Jardins de Mériadeck. (C 1 - C 2). Dans le nouveau quartier, en plein centre ville. Pelouses, bassins, jeux d'eau.

Parc de Rivière. Rue Mandron (H 7). Parc naturel de 4 ha boisé. Jeux d'enfants.

Le lac et le bois de Bordeaux. Au nord de la ville. Lac de 160 ha. Centre de voile et d'aviron.

Complexe sportif. Courts de tennis. Bois avec sentiers balisés (150 ha). Parcours de cross urbain. Golf 18 trous - (voir : les sports à Bordeaux).

In the columns below, tick under the name of the park or most suitable for

a a family outing, with children who love cycling, and who would like a boat-trip.

b visitors whose hotel is in the centre of the city, and who do not wish to travel far. They prefer peace and quiet.

c a group of young people who wish to go sailing.

d a person who is particularly interested in unusual flowers.

	Jardin Public	*Parc Bordelais*	*Jardins de Mériadeck*	*Parc de Rivière*	*Lac et bois de Bordeaux*
a					
b					
c					
d					

R145

The age of robots means that they appear in various forms. This article gives some examples of their different roles.

■ **Les robots « Intelligents »** Ils peuvent au cours du travail, prendre des décisions à la suite d'informations acquises par vue, toucher, etc. Voilà les robots qui font peur! Ce sont en effet des robots à qui l'on demande d'avoir un certain comportement humain. On leur demande de regarder, de reconnaître, au toucher, la différence entre une pièce métallique ou une pièce en plastique; d'en reconnaître la forme.

A QUAND LE DIALOGUE HOMME-ROBOT?

Aujourd'hui tous les grands laboratoires de recherche travaillent sur « la reconnaissance de la voix ». Bientôt la machine ne sera plus commandée par l'intermédiaire d'un clavier, d'une mémoire informatique ou d'une bande magnétique numérisée, mais par la voix de l'opérateur. Celui-ci parlera à sa machine pour lui indiquer le travail à faire. Certains résultats ont déjà été obtenus : on a dicté une ou plusieurs phrases à une machine à écrire un peu spéciale; on a donné des ordres à une automobile: « *Porte, ouvre-toi, clignotant à gauche, arrêt moteur, etc* ». Mais les ordinateurs actuels n'ont encore qu'un vocabulaire très restreint, une centaine de mots environ, et ils ne sont pratiquement pas capables de comprendre une personne qui n'a pas participé à l'élaboration du programme. C'est une étude passionnante, mais dont la réalisation est complexe.

a Why do these robots cause some people to be afraid?

b What kinds of tasks are they set?

c (*a*) What current research is being conducted in this field?

　(*b*) How will this affect the operation of robots?

d What progress has already been made in this direction

　(*a*) in office-work?

　(*b*) in the motor industry?

e What difficulties have yet to be overcome?

R146

A final search of the sales notices leads to this list.

1 L'entrepôt Halle Bys : à partir du 22 juin et jusqu'à épuisement du stock, prêt-à-porter femme, homme, enfant, sport, cuirs et linge de maison : Jupe French Connection 150 F, chemisier Pierre d'Alby 50 F, polo en coton 85 F, maillots de bain V de V 99 F et 129 F, etc. **60, rue de Richelieu, 75002 Paris. Tél. : 296.65.42. Au fond de la cour.**

2 Bo Kit : à partir du 23 juin, ses célèbres pulls en kit à 220 F et 250 F, en coton, en viscose et coton et viscose aux couleurs de l'été.

12, rue Dupetit-Thouars, 75003 Paris. Tél. : 277.81.82.

3 Gucci : du 24 au 30 juin, toute l'Italie à vos pieds à moins 30 et 40 % et les prodigieuses coupes de la collection couture.
27, rue du Faubourg-Saint-Honoré, 75008 Paris. Tél. : 296.83.27.

4 Cacharel : vous connaissez ? A partir du 27 juin, moins de 30 % dès la première semaine sur ses collections et jusqu'à moins 50 % les semaines suivantes.
49, rue Etienne-Marcel, 75001 Paris. Tél. : 508.12.73.

5 Les Deux Oursons : pendant tout le mois de juillet, prévoyez la rentrée avec moins 30 % sur toute la collection de cuir, exemples : blouson à partir de 800 F, jupe à partir de 450 F.
106, boulevard de Grenelle, 75015 Paris. Tél. : 575.10.77.

6 Kenzo : à partir du 9 juillet, une folie ? Pas du tout ! Allez découvrir des robes, pantalons, chemisiers et vestes à moins 30 %. Et, à partir du 18 jusqu'à moins 50 %.
3, place des Victoires, 75001 Paris. Tél. : 236.81.41.

To which shop would you go in order to buy the following? Put the number of the shop in the box next to the items.

a pullovers in summer colours?

b skirts (before June 30th)?

c leather jackets?

d sportswear?

e trousers (at half price)?

f Italian shoes?

R147 *This notice is displayed outside a school.*

PARKING RÉSERVÉ AUX PROFESSEURS

PENDANT LES HEURES DE COURS

a What privilege do the staff have?

b When can they take advantage of this?

R148 *So that passengers can prepare themselves during their flight, this notice is displayed at Strasbourg airport.*

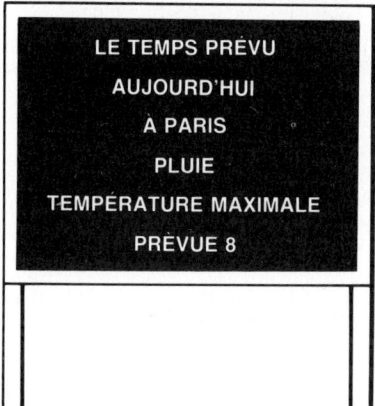

LE TEMPS PRÉVU

AUJOURD'HUI

À PARIS

PLUIE

TEMPÉRATURE MAXIMALE

PRÉVUE 8

a What is the information it always gives?

b What two facts does it show relevant to this particular day?

R149 *Next to the museum at Arromanches, you see this notice.*

**LIMITE
D'ARRÊT DES CARS**

TOLÉRÉ POUR LA DESCENTE

DES VOYAGEURS

Under what conditions are coaches allowed to stop at this point?

 R150 *This extract appeared as part of a survey into the sales of tennis shoes in France.*

Plus de 5,5 millions de paires de chaussures de tennis sont vendues chaque année en France. Mais plus de la moitié d'entre elles ne verront jamais un court de tennis de «vie de chaussure» et seront utilisées, par les moins de trente ans principalement, pour des usages aussi divers que tondre la pelouse, aller au lycée ou à l'usine. Ainsi la «Stan Smith» de chez Adidas, «Tennis» paraît-il la plus vendue dans le monde, est certainement achetée à plus de 75% pour des activités autres que le tennis.

Alors que l'adepte des «tennis» en chaussures de ville recherche principalement un modèle plutôt bon marché, confortable, d'un entretien facile mais solide, le véritable joueur de tennis qui fait un usage plus intensif et différent de ses chaussures demande:
– une bonne tenue du pied
– un matelassage intérieur au niveau du talon d'Achille pour éviter irritation de la peau
– une bonne aération et absorption de la transpiration.

a What do we learn about the number of pairs of tennis shoes sold in France?

b Which age-group of purchasers is mentioned?

c Name two of the uses of tennis shoes mentioned, apart from playing tennis.

d What is the major finding of the first paragraph of the report?

e What are the features of the shoes that are appreciated by the majority of users?

f Give two features required by the tennis player in the shoes chosen.

 R151 *The vital issue of feeding the world is dealt with here.*

LES NIVEAUX ALIMENTAIRES: ESSAI DE RÉPARTITION DE LA POPULATION MONDIALE

% de la population mondiale (nombres largement arrondis)	Niveau alimentaire	Calories par jour et par personne	Protéines animales (grammes)	Pays et régions dont une part importante de la population est concernée par ce régime
20 % (900 millions)	Alimentation excessive	3000 à 5000	plus de 50	Amérique du Nord, Océanie, la plupart des pays d'Europe de l'Ouest, les minorités privilégiées du tiers monde, URSS et Europe de l'Est (chiffres incertains).
5 % (200 millions)	Alimentation satisfaisante	autour de 2800	autour de 40	Japon.
15 % (700 millions)	Malnutrition	2500 et plus	10 à 20	Corée du Sud, Corée du Nord, Turquie, Mexique, Egypte, Brésil.
20 % (900 millions)	Malnutrition	environ 2300	10 à 15	Chine.
30 % (1300 millions)	Sous-nutrition	autour de 2000	5 à 10	Inde, Bangladesh.
10 % (500 millions)	Famine (ou faim absolue)	autour de 1500	5	Les principales « poches de famine » se trouvent dans l'Asie du Sud et du Sud-Est (Inde, Bangladesh, Pakistan, Indonésie, Philippines) et dans certains pays d'Afrique et d'Amérique latine.

a According to this table, what percentage of the world's population is underfed?

b Which is the area of the world where the level of food-supply is the most appropriate?

c How does the table describe the situation that exists in different parts of India and Bangladesh?

* **R152**   *You see this profile of Marc Le Ligné in a magazine.*

Marc Le Ligner

La planche à voile : pour les vacanciers, un sport pour les trois mois de l'été. Marc Le Ligné, lui, le pratique dix mois sur douze. Champion du monde, catégorie free-style, depuis 1981, il en remontre aux Américains.

Vous qui allez peut-être souffrir cet été en essayant de partir en planche à voile et de revenir vers le rivage, vous pouvez toujours rêver devant les performances de Marc Le Ligné. Il a remporté en décembre 81 en Floride, le premier championnat du monde officiel de planche à voile, catégorie free-style.

Il existait déjà des championnats du monde de régate et de slalom. Mais qu'est-ce que le free-style? Une discipline que l'on pratique depuis dix ans aux Etats-Unis et qui consiste à exécuter des figures artistiques, souvent acrobatiques, sur une planche à voile. En compétition, on accorde aux concurrents deux manches de trois minutes au cours desquelles les juges apprécient à la fois le style, l'enchaînement et la technique de ces figures.

Comment donc ce breton d'adoption a-t-il pu surpasser les Américains, maîtres jusque là incontestés de la plupart des sports nautiques? Il ne pratique pourtant la planche que depuis quatre ans et, en compétition, depuis deux ans seulement.

« *J'ai eu la chance*, dit-il, *de concourir dans des conditions de vent excellentes mais sur une mer assez agitée qui a surpris beaucoup de candidats alors que j'ai pour ma part, l'habitude de m'entraîner dans les vagues. Cela m'a permis d'éviter les chutes qui en ont disqualifié d'autres, moins familiers d'une telle mer*». Et pour parvenir à ces résultats, il s'entraîne régulièrement, tous les soirs et les week-ends, dix mois sur douze, cela malgré la fraîcheur de l'océan.

a Why is Marc Le Ligné famous?

b How does the time he spends on the sport compare with that of holiday-makers?

c How does the article describe 'free-style'?

d Where, and when, did the activity start?

e Name two of the elements on which the judges award points.

f How long has Le Ligné been involved in the sport?

g To what does he ascribe his success?

h What else is involved, according to the article?

R153 *In October 1985, the whole of France's telephone numbering system changed. This table gives some of the important information.*

Huit chiffres,
deux zones et . . . les numéros spéciaux

A partir du 25 octobre 1985, à 23 h, les lignes téléphoniques seront identifiees par un numéro à 8 chiffres et la France sera partagée en deux zones. Voici la liste des numéros speciaux et des nouveaux numéros à 4 chiffres.

	Service recherché	numéro à composer
Les numéros qui ne changent pas	Services spéciaux: appel à un opérateur, annuaire électronique, renseignements, police ou gendarmerie, pompiers.	Un numéro à 2 chiffres 10 11 12 17 18
	Service des renseignements interurbains pour la Région parisienne	16-11 12
	Renseignements internationaux	19-33 + indicatif du pays
Les nouveaux numéros à 4 chiffres	Services de renseignements sur la nouvelle numérotation ● pour les appels vers la Région parisienne ● pour les appels vers la Province ● par un opérateur Horloge parlante Télégrammes téléphonés Demande de réveil	36 11 36 12 36 10 36 99 36 55 36 88

Which number do you dial

a to contact computerised directory enquiries?

b to hear the speaking clock?

c to call the fire-brigade?

d to book an early-morning call?

R154   *Just off the road, this sign is nailed to a tree.*

Which vehicles does it prohibit from using the pathway?

R155   *In the street, you see this sign above a shuttered shop window.*

What would you expect to find when it is open?

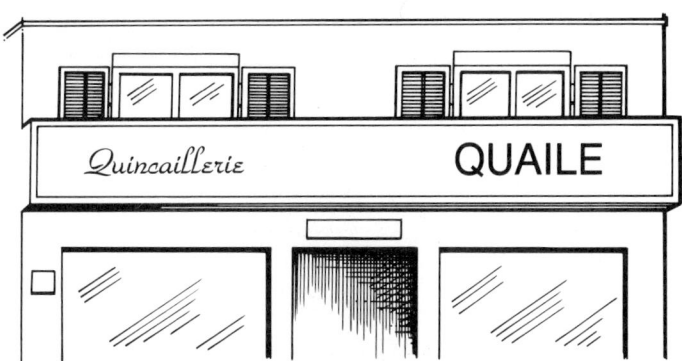

R156   *A new shop is being fitted out, and you see that the name is already outside.*

What kind of business will soon be moving in?

R157   *A friend warns you to keep away from this place. Why?*

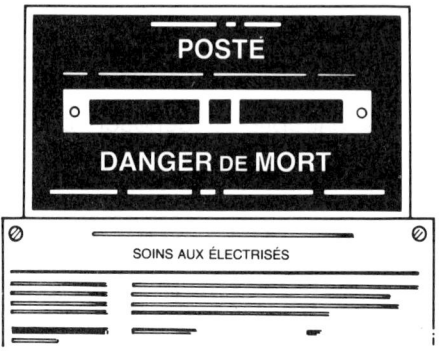

R158   *List six attractions of this hotel.*

à 25 m de la mer

BAR
RESTAURANT

spécialités de fruits de mer
chef de cuisine
Pascal GROSSET

HOTEL DE NORMANDIE ★NN

PARKING PRIVÉ

PARC DE VERDURE AIRE DE JEUX

126 rue Pasteur
14750 SAINT-AUBIN-SUR-MER   ☎ **(31) 97-30-17**

P. GROSSET, Propriétaire   R. C. CAEN 17.263   IMP. J. P. GAZEAU - 14440 DOUVRES

* R159 *Here is a true story showing that new technology can bring human happiness!*

La guerre avait séparé la mère et le fils. L'annuaire électronique vient de leur permettre de se retrouver. Depuis 42 ans, Paulette Dru, aujourd'hui âgée de 71 ans, entreprenait des recherches multiples dans l'espoir de savoir ce qu'était devenu Claude, son unique fils, après un séjour forcé en Allemagne. Au début du mois de février, elle écrit au maire de Courtieux (Oise), la commune où Claude était né. Le courrier de la dernière chance. Le maire consulte son annuaire électronique, trouve un Claude Dru à Chivy-Les-Etouvelles, dans l'Aisne, téléphone, se renseigne. C'est bien le fils. Les retrouvailles ont lieu.

Ce n'est pas la première fois que l'annuaire électronique s'affirme comme un instrument efficace de retrouvailles. Il risque fort d'en devenir le champion toutes catégories. Il suffit de la questionner une fois par département – c'est-à-dire 95 fois au total – pour connaître tous les abonnés du même nom dans toute la France.

Une collection complète sur écran

Si de temps en temps, il permet de dénouer d'extraordinaires énigmes, l'annuaire électronique reste un centre de renseignements automatique au service des usagers 24 heures sur 24. Et il faut croire qu'il renseigne bien, puisqu'il reçoit plus de 100 000 appels par jour (à partir des 500 000 terminaux Minitel en service fin 84). Soit un taux de consultation quatre fois supérieur à celui des renseignements. Et parmi les 600 services Télétel, l'annuaire électronique est, de loin, le plus utilisé.

L'annuaire électronique est l'équivalent de 66 500 dossiers de 250 pages dactylographiées (60 signes typographiques sur 25 lignes). Pour l'abonné, c'est la possibilité de feuilleter, à partir de son Minitel, sans bouger de chez lui, la collection des 100 annuaires de France, (quelque 150 kilos de papier) au total.

a How had mother and son become separated?

b Where had Claude been sent 42 years ago?

c What did his mother finally do in order to find him?

d How did the mayor help her?

e In order to find people, why is the figure 95 significant?

f When is the computerised directory accessible?

g How does its popularity compare with the normal enquiries service?

h In what ways does the writer describe the capacity of the computerised directory?

=== *Listening questions* ===

L1 You overhear this conversation outside a shop. What do the speakers decide to do, and why?

L2 Inside a shop, the person in front of you is being served. It turns out that you want exactly the same article, but in red. Do you think you will be successful in obtaining one? Why (not)?

L3 The family you are staying with in France always seems to have difficulty finding things.
   a What has been lost this time?
   b What happened to it yesterday?
   c Where is it likely to be now?

* **L4** When in the town, you find an empty leather bag which you take to the lost-property office. As you arrive, you hear this conversation. What are the similarities and differences between the article lost and the one you have found? Use this grid to give your answer:

	Found	**Lost**
Size	Small	
Article	bag	
Material	/////////	
Colour	/////////	
Time	today	
Place	/////////	

L5 What has Jules done wrong this time?

L6 In the department store, you hear this announcement. What is being advertised, and where is it?

L7 Of the three garments mentioned, which is Maryse most enthusiastic about?

L8 On a journey through the town in the car, you hear this advertisement on the car radio. Your penfriend asks you to note down the information, so that the family can take advantage of the offers. What do you need to write down?

* **L9** Sitting down in a café, you overhear the end of a conversation between two women at the table next to you. If you turn round, what will you expect one of them to be holding up?

* **L10** Driving through France with your parents who do not understand French very well, you hear the news headlines on the car radio. What can you tell them about the news?

L11 Show on this map how to reach the office described.

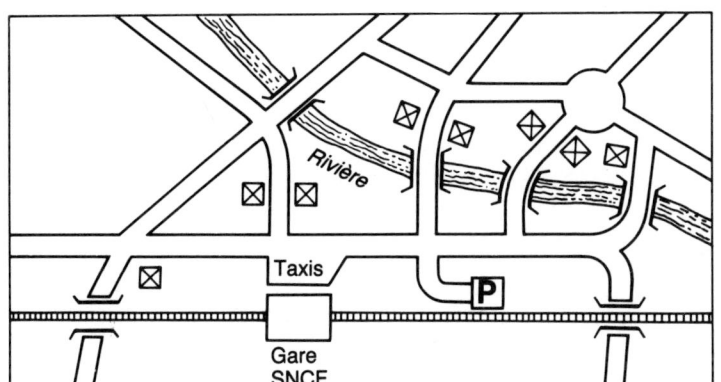
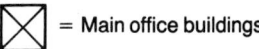

= Main office buildings

L12 Mark with a cross on this map the position of the place described, and the time the meeting is to take place.

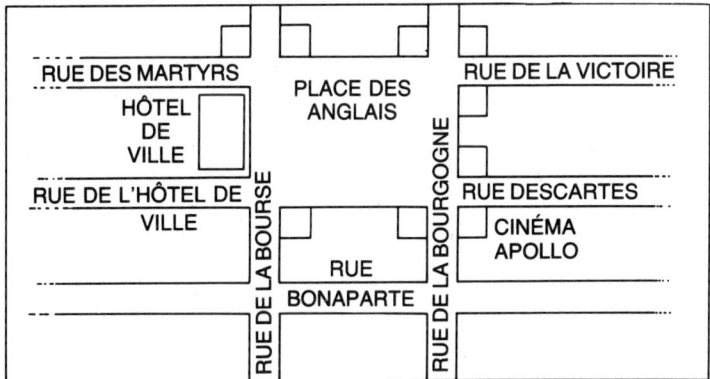

* **L13** You arrive at a centre for activity holidays, and are listening to the description of what is available. What information are you being given here?

* **L14** How would you explain to someone who does not speak Frencht the advantages of Minitel to the telephone user?

L15 You have just asked at the station for information about trains to Nancy. What should you note down?

First departure	
Second departure	

L16 As you arrive at the station, this announcement is being made. Who would start hurrying, and towards which part of the station?

L17 On this price check-list, write down the special offers you hear.

Butter	
Sugar	
Biscuits	
Soap	
Disinfectant	

* **L18** You are on holiday, trying to plan your activities for the next day. You listen to the weather forecast. What do you find out about tomorrow's weather, and that of the next day? Show on the grid what the forecast says, by ticking in the appropriate column.

	Tomorrow	Next day
A fine morning		
A fine afternoon		
Rain early		
Rain possible early		
Rain possible later		
Falling temperature		
Rising temperature		

L19 Having decided to buy certain articles at this shop, the shopkeeper tells you how much it comes to. You pay with a 20F note. How much change do you receive?

L20 On this map label the two mentioned buildings.

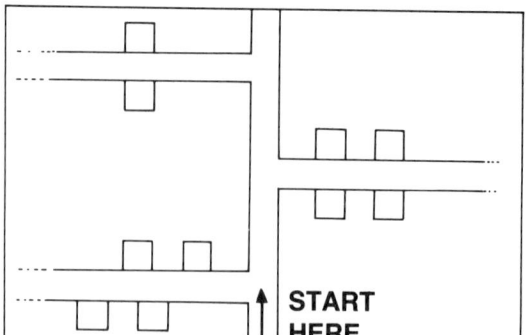

L21 Why will the museum be closed?

L22 What will happen in ten minutes? What are you asked to do?

* **L23** You are member of the school group referred to in this announcement. What should you do, and why?

L24 How would you explain this announcement to a British person who did not speak French?

* **L25** You are deciding which way to cross the Channel for your journey to Britain. This conversation sets you thinking about the possible alternatives. What do you hear about various methods' advantages and disadvantages?
Use these two headings for your answers.

Advantages	Disadvantages

L26 You are behind someone in the queue at a box-office for a theatre. In what way are your requirements different from hers? You want two tickets at the lower price in the circle for tomorrow night.
Complete this table to show your answers.
Price of an expensive seat in the circle ....
Price of a cheaper seat in the circle ....
Previous customer's order ..... x ..... F   ....
Your order   ..... x ..... F   ....

L27 At the hypermarket, you hear this special offer advertised over the public-address system. What is the article on sale, and what is the special offer?

* **L28** Note down the details required concerning this accident.
Train left Paris ....
Other vehicles involved ....
Place of accident   ....
Train speed ....
Number of fatalities ....
Railway reopened at ....

L29 On this map of France, choose the symbols which best indicate the kinds of weather to be expected in the different regions, according to the forecast. Select the appropriate temperature range as well.

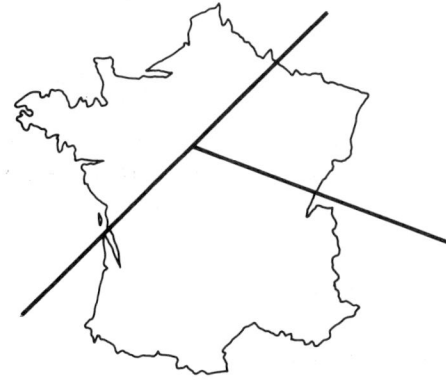

18–21°	
21–22°	
28–30°	
☀	
⚡	
▭	
☁	

* **L30** **a** How old is Denise now?
      b How many brothers and sisters did she have?
      c In what kind of environment did they live as children?
      d What was their daily routine in summer?
      e How did her mother contribute to the family budget?
      f How far was the nearest station to their house?

      g When did Denise get married?
      h How was the wedding celebrated?
      i Where did they spend their honeymoon?
      j What children did they have?
      k How did they adapt their house to accommodate the family?
      l How in Denise's opinion has life improved in the country?
      m What particular difficulties did she experience in her early married life?
      n Why is she pleased for her son?

* **L31** **a** Where in the house do the family tend to meet in the evening?
      b What normally goes on at such gatherings?
      c What kind of reaction does Bernadette receive when she asks about History?
      d What kind of reaction does she receive if she asks for the explanations in Maths?
      e Who especially does she not get on with at the moment?
      f What does she want to do in the holidays?
      g What advantages does she think this will bring her?
      h What is her parents' reaction to this idea?

L32 You ask the way to the cinema and receive this response. What will you have to do to reach the cinema?

L33 Choose from the pictures below the nearest representation of the person you are to meet.

L34 On behalf of another family, you have telephoned an hotel in France to check that a booking has been made. What can you tell them about the reservations made in their name? You have already made a note of the details you will be listening for. Now complete this with the answers you hear.

      number of rooms?   how many doubles?
      with bath or shower?   which floor?
      how many singles?   other info?

L35 Thinking about possibilities for tomorrow, you wonder if it will be a suitable day for sunbathing. What do you find out from the weather forecast?

L36 How much will your bill come to at the greengrocer's?
Use this form to help you.

.... F ....
.... F ....
.... F ....

L37 Your French friend has telephoned and runs out of money at the call box. What number will you have to ring to continue your conversation?

L38 You answer the telephone, but the call is not for you. What information would you record for the person for whom the call is intended? (Write your answer in English)

* **L39** You are working during the holidays at a travel agency, and make a telephone call to France on behalf of clients. Complete the details on the form, to show what has been arranged.

HOTEL BOOKING FORM

NAME OF CLIENTS _____

HOTEL _____

DATES _____

ACCOMMODATION RESERVED _____

AMOUNT PAYABLE IN LOCAL CURRENCY _____

OTHER INFORMATION FOR CLIENTS _____

_____

_____

L40 It's time for your morning exercises! In which order do the instructions come? Choose from the activities shown in these pictures and write the number of the picture in the appropriate order. There are seven digits to write down.

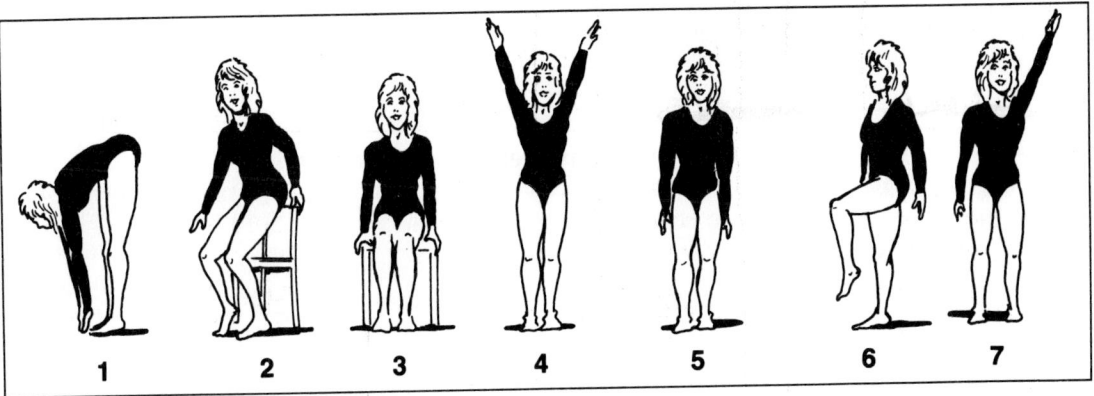

1   2   3   4   5   6   7

* **L41** You overhear the end of a conversation. What have the speakers been discussing?

L42 Follow the instructions on this cheque, and given an answer to the question.

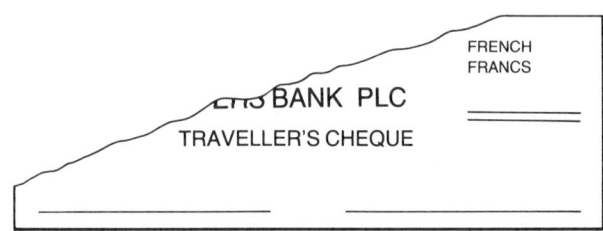

* **L43** It is your responsibility to listen to the advice to road-users and explain them to non-French-speaking friends. What do you advise them to do about dates, routes and travelling with children?

* **L44** Your family is suffering badly from head-aches and sore throats and needs to buy medicine from the chemist. How does he instruct you to take the medicine
   – for adults
   – for children aged about 10;
   – for babies?
   You have already noted down some queries you need to have answered. Write down the answers as you hear them.

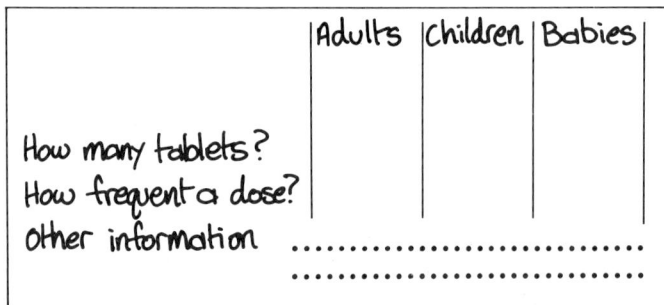

L45 What is the customer being asked?
   What information is being volunteered?

* **L46** This question in a children's quiz is describing a common object. What is it?

L47 On the radio, you hear this announcement of a concert. When and where is it? How will you obtain free entry?

L48 A sports fair is being held, at which you can try your hand at various activities. How do get hold of more information? When will the fair be open tomorrow?

* **L49** What are the feelings of this person, and why?

L50 Here is a plan of a campsite. Unfortunately, the printer has left out the names of the majority of the buildings. Fill in the missing details from the information given to you in the reception office.

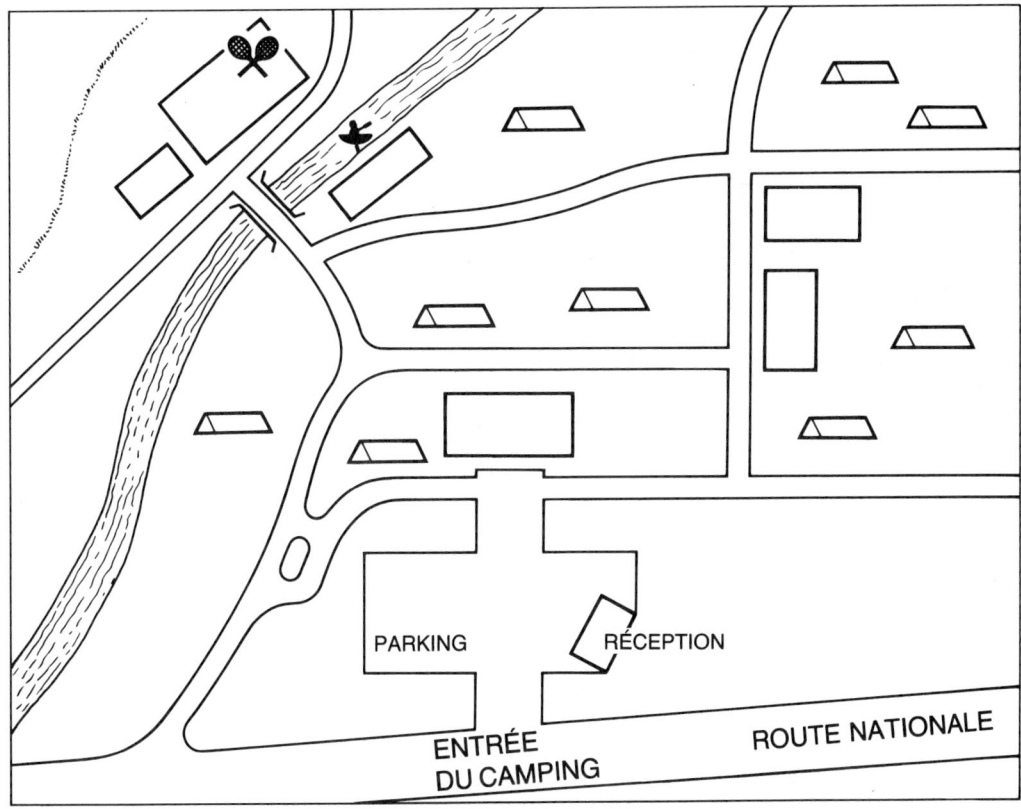

PARKING   RÉCEPTION

ENTRÉE
DU CAMPING

ROUTE NATIONALE

L51 What would you expect to see arrive at this table in a few minutes?

L52 You are waiting for friends who are coming from Nice by air. Their flight is announced. Why have you been kept waiting, and for how long?

* L53 a What is delaying the departure of flight AB762?
    b When is it expected to leave?
    c What should passengers do, and what compensation is being offered them?

* L54 Changing radio stations, you hear this extract. What kind of programme is it from?

L55 Why should you keep your ticket when leaving this place?

* L56 You are interested in going to see a performance of *Cyrano de Bergerac* at the theatre. The days you are free this week are Monday and Thursday, with Saturday a possibility if all other tickets are sold. Find out the price of the tickets and the times of the performances, as well as the opening hours of the box office.

Price:	*Box Office open:*
Monday performance time: *Thursday performance time:* *Saturday performance time:*	

L57 What is missing?
Which three places are suggested as places to look?

L58 **a** Why should people in the Paris area find travel more difficult than usual today?
b What advice is given to drivers?
c What additional hazard has just been reported?

Writing Questions

W1 Here is a postcard that you have received from your French friend. Write a similar one to him/her about your holiday. You are spending two weeks in Devon, and as the weather is good, spend most of your time on the beach and swimming. The campsite where you are staying is very good.

> Je passe quinze jours avec ma famille dans le Midi. Le temps est formidable. Il fait si chaud. Je fais beaucoup de ski nautique avec mon frère sur un lac. Amitiés
>
> Claude

W2 After your stay with a French family, you write a short note to thank them for their welcome. Thank them too for the present they gave for your parents.

W3 You take a telephone call intended for your French friend who has just gone out. It is from a friend, Sacha, who wants to meet him on the next day at midday at the swimming pool. Write down the message so that your French friend will understand it.

W4 You see this classified advertisement and decide to answer it in order to join the penfriend club. How would you write your letter?

> **Voulez-vous un(e) ami(e) Français(e) ou francophone?**
> Ecrivez-nous avec nom, prénom, âge, passe-temps, etc.

W5 You see this advertisement for a campsite, and it seems to meet your requirements. Write a letter asking for more details, and reserving a pitch for one tent for a fortnight in August.

CAMPING DE L'AUVERGNE

Situation merveilleuse – vue sur la rivière – au bord de la

forêt – ouvert mai – septembre – piscine chauffée – 50 emplacements

Renseignements sur demande

– 43436 St Hilaire la Forêt –

W6   Your neighbour who does not speak or write French wants to send a present to a French colleague, and asks you to help write a birthday greeting. What do you write?

W7   You are going to interview some French visitors to your town for your school newspaper. In order to help the interview, you need to prepare the questions in advance. What ten questions will you ask, in order to find out details about each person which will interest the readers?

W8   You receive the following letter from a penfriend who lives in France. Answer it.

Nantes, le 18 septembre

Chère amie/cher ami,

Ouf! Encore une année scolaire. La rentrée est toujours pénible, tu ne trouves pas? J'espère que tu as passé du bonnes vacances. Est-ce que tu as pu partir de chez toi, après tout? Nous avons fait un séjour d'un mois chez mes grands-parents, qui habitent près de la mer.

Cette année est très importante par toi, car tu auras des examens au mois de juin, n'est-ce pas? Est-ce que tu pourras quand-même venir chez nous pendant les vacances de Pâques? Nous serons heureux de t'accueillir ici. Qu'en penses-tu?

Et maintenant mes devoirs. Aïe! ce soir, c'est les maths!

Ton ami/amie
Dominique.

* W9   You are very excited because you have just moved into a new house. You write a letter to your French friend, explaining that you have changed address, and describing it.

* W10   When you are in a French town, you witness a bank robbery. Luckily no-one is injured, and the robbers are quickly caught by the police. As you will return to Britain before the case comes to court, you are asked to provide a written account of what you saw.

* W11   Your penfriend's class is conducting a survey of attitudes, and she asks you to help. Her main questions are about your likes and dislikes at school (and she would also be interested in hearing of anything which is very different from school in France), but also asks about your hobbies and interests.

W12   Complete the following gaps in this letter of reservation with the relevant details so that you can book accommodation for your family for three nights.

Monsieur

Veuillez réserver . . . . . chambres pour ma famille qui voudrait passer . . . . . . nuits

dans votre hôtel. Nous voudrions . . . . . chambre(s) pour deux personnes avec

. . . . , et . . . . . chambre(s) pour une personne.

Nous allons arriver à l'hôtel le . . . . Nous prendrons le petit

déjeuner à l'hôtel. Est-ce qu'il y a . . . . pour manger le soir?

Veuillez agréer, Monsieur, mes sentiments distingués,

W13   You are applying for membership of a letter-writing circle and have to fill in this form.

CERCLE DES CORRESPONDANTS

Nom .... *Prénom* ....

Age .... *Date de naissance* ....

Domicile ....

....

Pays .... *Code postal* ....

Langue de correspondance ....

Interêts, passe-temps, hobbies, etc.. ....

....

* W14   You receive an invitation to go and stay in France, but unfortunately, the dates suggested coincide with your GCSE exams. Write a letter politely declining the invitation, and expressing the hope that another time can be arranged.

* W15   At the end of the summer holidays, you write a letter to your French penfriend, describing what you did on your holiday, what the weather was like, etc.

W16 As part of a competition when you are staying in France, you have to make a list of a number of articles of the same colour bought from different kinds of shop. Fill in the entry form on the right, with up to five different articles of the same colour.

Couleur Choisie	
Article	Magasin

W17 You need to go shopping to prepare a picnic for your family, on holiday in France. Write your shopping list, in French, so that you will remember what to ask for. Your list should include six items.

* W18 You are asked by the organisers of your town's twinning association to arrange a display or exhibition of your hobby or favourite sport for the forthcoming visit of representatives from France. You write to the French town's association secretary, Monsieur Bourgalle, to explain what will be shown, so that he can inform the members of the group in advance.

W19 Write a message suitable for a postcard to a French penfriend about *one* of the four following:
> your birthday; your holiday; the school term; the weather.

* W20 Your parents recently took you on a surprise visit to somewhere where you have always wanted to go. Write your penfriend a letter which describes the visit.

W21 A member of your family has a flat in London to rent, and wants to advertise it in the French press. You are asked to word the classified advertisement, and to complete the form as you will be on holiday in France when it appears. Give your French address on the form in the appropriate place, after completing the message.

Rédigez votre petite annonce en plaçant une lettre par case et en réservant un espace entre chaque mot. Découpez cette grille après avoir indiqué votre nom, prénom, adresse.

Les petites annonces sont gratuites

Nom _____ Prénom _____

Adresse _____

Ville _____ Code postal _____

* W22 A French magazine that you have read asks for readers to write in with an account of the funniest, saddest, most interesting or most exciting incident that ever happened to them. You decide to send in your account.

W23 In this game of Spot the Difference, there are 7 changes in the pictures. Make a list of the differences.

W24 As part of a magazine competition, you are asked to complete *five* of these sentences, giving good advice for healthy eating.

J'ai très envie de manger ....

....

Pendant les repas ....

....

Avant de manger ....

....

J'aime bien manger quand ....

....

C'est dangereux de ....

....

Il ne faut pas manger trop du ....

....

Il ne faut pas manger trop de ....

....

Le (ou la) .... **c'est bon, mais** ....

W25 In a competition to encourage readers towards healthy eating, they were set this task. From the list of foods given, they had to (*a*) cut out four items, and give their reasons, and then (*b*) identify which four items they would retain at all costs, similarly giving reasons for their decision. What would your choices and reasons be?

> Voice une liste d'aliments
>
> Biscuits – bonbons – charcuterie – fromages – fruits – glaces – jus de fruits – légumes – pain – pâtes – lait – pommes de terre – œufs – poisson – viande – huile – beurre.

Transcript of Listening Questions

L1 – Quelle belle robe!
– Tu voudrais l'essayer?
– Oui. Bien sûr.
– Entrons donc.

L2 – Vous avez ce modèle en bleu, s'il vous plaît?
– Mais certainement. Ah non, je regrette. Nous n'en avons plus en bleu. Il ne nous reste que le rouge et le vert.

L3 – Où est mon pantalon, chérie?
– Ton pantalon? Et comment saurai-je où est ton pantalon, moi?
– Mais tu l'as lavé hier, n'est-ce pas?
– Mais non, je ne l'ai pas lavé hier. Je l'ai déposé au pressing express. Je l'ai retiré en rentrant et je l'ai mis dans l'armoire, comme toujours!

L4 – Monsieur, s'il vous plaît, j'ai perdu mon sac.
– Il est comment, votre sac?
– Assez petit, rouge, en cuir.
– Et vous l'avez perdu quand?
– Je ne sais pas exactement. Ce que je sais c'est que je ne l'avais pas en rentrant hier soir.
– Bon, c'est hier que vous l'avez perdu. Où ça?
– Mais je n'en sais rien. J'ai regardé partout et je ne l'ai pas trouvé. C'était peut-être quand j'étais en ville, pendant l'après-midi.

L5 – Mais Jules, tu as oublié tes tennis? Pourquoi portes-tu ces grandes bottes?

L5 – Mademoiselle, Madame, Monsieur, nous vous conseillons aujourd'hui de passer par notre nouvelle section de confection où il y a des soldes fin de saison. Allez au troisième étage pour visiter nos soldes. C'est la promotion de l'année!

L7 – Tu aimes ce pull-ci, Maryse?
– Non, je préfère celui-là. Mais tiens, regarde ce tee-shirt.
Il est tout à fait mignon, tu ne trouves pas?

L8 – Aujourd'hui à Mega-soldes! C'est l'événement Modes pour Lui. Tout pour Monsieur d'aujourd'hui. Costume, veston, pantalon, chaussures à des prix chocs! Mega-soldes vous présente l'événement Modes pour Lui. Venez nous voir! Ouvert jusqu'à 21 heures.

L9 – C'est incroyable! tout est parfait. C'est si bien fait. Et vous l'avez fait vous-même?
– Oui, certainement. Avec ma machine à tricoter, bien sûr!

L10 – Voici notre bulletin d'informations. Les grands titres d'abord. Grave accident de la route en Espagne, deux morts et cinquante blessés, dont deux Français. Grève ajourd'hui à la RATP, il y aura de graves perturbations. Le président des États-Unis – visite annoncée pour Moscou, au mois de septembre. Sport – Réussite hier soir pour l'équipe française de football à Rome. Maintenant le bulletin en détail. En Espagne, hier soir . . .

L11 – Allô?
– Allô? Oui, je vous entends bien, Monsieur. Mais je ne sais pas très exactement où se trouve votre bureau.
– Tenez, c'est très facile. Si vous sortez de la gare, tournez tout de suite à droite, prenez la deuxième rue à gauche, traversez le pont, et le bureau est à droite.

L12 – Vous pourriez bien me rencontrer? Je ne connais pas bien la ville.
– Oui, c'est entendu. Je vous rencontrerai au café Flore.
– Où c'est?
– C'est sur la place des Anglais, au coin de la rue de la Bourse, et en face de l'Hôtel de Ville.
– D'accord. À quelle heure?
– À 15h 30?
– Oui. C'est entendu. À 15h 30 au café Flore.

L13 – Pendant votre visite ici, vous avez droit à participer à plusieurs activités, y compris l'informatique. Nous avons trois micros à votre disposition avec une grande gamme de logiciels et de jeux.

L14 – Vous ne connaissez pas le numéro de

votre correspondant? Rien de plus simple avec Minitel. Minitel vous donne accès à la liste informatisée de tous les abonnés de France. Et pour un renseignement simple, c'est gratuit!

L15 – Le prochain départ pour Nancy est à 11h 36. Et le suivant à 12 h 29.

L16 – Le prochain train pour Paris part du quai no. 3. Ce train arrive en gare.

L17 – Promotions pour aujourd'hui, le beurre à 21 francs le kilo, les biscuits au chocolat noir à 6 francs le paquet, et le savon Tout-Propre à 18 francs le grand paquet.

L18 – Demain il fera beau dans la région, mais pendant l'après-midi, attention: il est possible que quelques petits nuages noirs se produisent dans l'est. Pour le lendemain matin, risque de pluie. Mais les températures resteront en hausse.

L19 – Voilà, Monsieur, c'est tout? Ca vous fait 19f 50 s'il vous plaît.

L20 – Pour aller à la banque, s'il vous plaît?
– Première à gauche, puis la banque est à droite, juste après le bureau de poste.

L21 – Non, je regrette, le musée sera fermé demain, car c'est mardi. C'est fermé tous les mardis et les jours de fête.

L22 – Il est 18 h 50. Le musée ferme dans dix minutes. Nous vous prions de vous diriger vers la sortie.

L23 – Les membres du groupe anglais de Barsetshire sont priés de se présenter tout de suite sous la grande horloge au milieu de la salle des pas perdus où le chauffeur du car vous attend.

L24 – On annonce que l'on a trouvé un passeport britannique. Si vous l'avez perdu, présentez-vous au bureau de renseignements à l'entrée du magasin.

L25 – Et comment avez-vous trouvé votre voyage?
– C'était très fatigant, je dois avouer. Mais quand-même très intéressant. C'est la première fois que j'ai pris l'aéroglisseur. C'est beaucoup plus rapide que le bateau bien sûr. Mais je crois que je préfère la liberté de voyager en bateau.
– La liberté?
– Oui. Pouvoir monter, descendre, se promener en plein air. Tandis qu'en aéroglisseur, c'est un peu comme dans la cabine d'un avion. Pas beaucoup de place.

La prochaine fois je prendrai le bateau. Ou peut-être le train – car le tunnel sera ouvert assez prochainement, hein?

L26 – Il vous reste toujours des billets pour ce soir?
– Oui.
– J'en voudrais trois au balcon, s'il vous plaît. C'est combien?
– Au balcon? À 20f ou 30f?
– 30f, s'il vous plaît.
– Alors, 90f Madame.

L27 – Madame, Monsieur, avez-vous souffert des pieds fatigués? Aujourd'hui, au rayon chaussures, nous présentons les sandales Soulage! Achetez une paire, emportez une deuxième paire sans payer. Cette promotion est valable aujourd'hui seulement.

L28 – Le train 3621 Paris-Brest, qui avait quitté Paris à 19 h 05 hier soir est entré en collision avec deux automobiles près de Trappes. C'est à un passage à niveau, habituellement gardé par un agent de la SNCF et qui pour une raison encore indéterminée, était ouvert, que l'accident s'est produit. Le train roulait à 120 kilomètres à l'heure, et le double choc a été effroyable. On a dû retirer quatre morts d'une Renault 4L et plusieurs blessés d'une camionnette. Les voyageurs ont pu reprendre leur route avec trois heures de retard. Peu avant 22 h, la circulation ferroviaire était rétablie. On a ouvert une enquête technique à la SNCF.

L29 – Région parisienne et dans l'est du pays: après quelques brumes matinales et malgré quelques passages nuageux, la journée sera agréable et bien ensoleillée. Les températures ne dépasseront pas 22 degrés C.

Le nord-ouest du pays aura un temps toujours brumeux ce matin: ensuite de très belles éclaircies alterneront avec quelques passages nuageux. Les températures de l'après-midi seront de 18 degrés C près des côtes à 21 degrés C dans l'intérieur du pays.

Sur la moitié sud, le temps ensoleillé et chaud persistera. Quelques orages éclateront dans la journée sur les Alpes et en soirée en Corse. Les températures atteindront 28 à 30 degrés C.

L30 *Première Partie*
– Pour Denise, 70 ans, la femme d'un

agriculteur, les souvenirs de famille commencent avec ses parents, assez pauvres, et ses cinq frères et sœurs.

— Nous avons eu une vie de famille très resserrée avec mes frères et mes sœurs. Ma sœur avait juste quelques mois quand mes parents ont acheté une petite propriété: la maison, la grange et le hangar et peut-être deux hectares de terrain. Ce n'était pas beaucoup. Mais ce qu'il y avait dans le village c'était un gros propriétaire qui nous laissait garder les dindes et les moutons. Mes parents nous ont toujours trouvé du travail, même très jeunes. Les plus grands allaient à l'école, et les petits travaillaient.

L'été, quand les journées sont longues, on nous réveillait à 5 heures du matin et on gardait les dindons ou les moutons jusqu'à 7 heures et demie. Là, on revenait pour aller à l'école et le soir à 4 heures et demie on repartait. C'était une bonne solution pour occuper les enfants, parce qu'il n'y avait pas d'allocations familiales.

Maman était très active sur le plan commerce. Mon père faisait un peu de jardinage. Maman emportait les légumes pour aller les vendre aux Quatre-Routes. Elle faisait sa petite tournée, toujours personnelle. Elle montait à Brive par le train, et mon père l'accompagnait à la gare des Quatre-Routes à huit ou neuf kilomètres de chez nous, à pied. Ça ne se passait pas comme ça dans toutes les familles, mais nous étions nombreux et il fallait quand même vivre, mais vivre indépendants.

Deuxième Partie
— A 18 ans, sa sœur aînée quitte la maison pour devenir religieuse. Puis Denise rencontre son mari et part habiter la maison de sa famille. Son mariage, elle s'en souvient bien.

— Ça s'est passé le 28 février 1935. Il faisait froid, il y avait de la neige. Nous étions une trentaine à peu près. Le mariage s'est fait là où je suis née, et puis le repas chez le mari. A ce moment-là, on faisait deux repas pour un mariage. Après le repas de midi, on est allé à Beaulieu où il y avait un dancing, passer l'après-midi. Puis on est revenu vers les 7 heures du soir pour le souper, et, après, nous sommes partis faire un petit voyage de noce. D'abord nous sommes allés voir ma sœur religieuse à Château-Chinon, et ensuite nous sommes montés à Paris, parce que moi, je

n'y avais jamais été.

— Retour dans la ferme du mari et des beaux-parents, et encore la vie de famille. Arrivent les six enfants. Marie-Lise, l'aînée, qui part vite poursuivre ses études, et puis quatre sœurs et un frère. Il faut agrandir la maison et faire deux nouvelles pièces au rez-de-chaussée. Si on demande à Denise ce qui a le plus changé dans la vie de famille aujourd'hui par rapport à hier, elle n'hésite pas.

— Il y a eu une transition très marquée entre notre génération et celle d'aujourd'hui sur la cohabitation avec les parents. Aujourd'hui, même ceux qui restent à la campagne se font bâtir une maison ou font deux ménages à part dans la même maison pour avoir leur indépendance. On n'est pas sous la domination des parents, et moi, je trouve que c'est une bonne chose. Moi, je ne me suis pas entendue avec ma belle-mère. Après la mort de son mari, il y a eu des difficultés incroyables!

— Alors Denise a approuvé en un sens le départ de tous les enfants, même de son fils qui n'est pas resté.

— C'était de tradition de garder le fils pour maintenir le nom de la famille. La jeune fille que mon fils a épousée c'était une jeune qui avait une bonne situation et qui n'a pas voulu la quitter pour aller dans une petite propriété comme celle que nous avions. Aujourd'hui ils font un ménage heureux, et quand ils viennent, ils sont gentils; alors que vouloir de mieux s'ils sont vraiment contents?

L31 — La jeune Bernadette parle de ses petits problèmes.

— Ce n'est pas facile de parler de ma famille. Chez nous, on se retrouve surtout à table, le soir, parce que mes parents travaillent tous les deux. La plupart du temps, ça se passe bien, mais parfois . . . Quand ils sont fatigués, il y a des cris. On parle beaucoup. On discute sur n'importe quel sujet. Quand le prof nous demande de lire un article, je leur en parle, à mes parents, je veux dire . . . par exemple si j'ai quelque chose en histoire, je leur demande pourquoi ça s'est passé comme ça, tout ça . . . Mais mon père est assez nerveux . . . Alors pour un rien, ça part. Par exemple, quand je lui demande de m'expliquer quelque chose en maths. Alors lui, il part sur ses grands chevaux. "Quoi, tu sais pas ça!" Chez nous, plus particulièrement, ça ne va pas entre moi et mon frère Stéphane, on se dispute, on se bagarre. . .

– Pour les vacances, Bernadette espère pouvoir bientôt partir avec des copines, mais les parents ne sont pas d'accord.

– Ils me disent: "Oui, tu es trop jeune! S'il t'arrive quelque chose!" A la fin de la classe de seconde, je leur demanderai encore, parce qu'avec les copines, on est plus libre, on n'a plus les parents sur le dos. En vacances, avec eux, ils veulent toujours savoir où on est, avec qui. S'ils ne connaissent pas, ils demandent: "Qui c'est? Tu la connais depuis combien de temps?" C'est embêtant. Alors ils disent: "Oui. mais tu comprends, s'il t'arrive quelque chose, je veux savoir où tu es." Cette phrase je la connais par cœur!

L32 – Pour aller au cinéma Rex, s'il vous plaît?

– Traversez la place, prenez l'avenue Gambetta, et c'est à gauche, en face du bar Américain.

– Merci.

L33 – Monsieur Brun, que vous allez rencontrer à la gare est assez grand, et porte toujours un chapeau. Il a aussi des lunettes. Il a 34 ans.

L34 – Oui, Monsieur, c'est entendu. Nous avons déjà réservé deux chambres pour vous. L'une a un lit et une douche, et l'autre est pour deux personnes, au rez-de-chaussée. Toutes les chambres ont une toilette privée.

L35 – Demain il fera beau pendant la matinée, mais plus tard les vents deviendront plus forts, et il risquera de faire moins chaud. Mais pas de pluie, heureusement.

L36 – "Alors les bananes, ça fait 7 F; les pommes, à 4 F 50 le kilo, alors deux kilos, ça vous fait 9 F et les oranges, 6 F.

L37 – Mais, je n'ai plus de monnaie pour continuer cette communication. Tu pourrais me rappeler? Le numéro de cette cabine est le 56. 33. 89. 42. Hein? 56. 33. 89. 42.

L38 – Allô? Vous pourriez prendre un message pour Louise, s'il vous plaît? Dites-lui que Marcel sera au café ce soir vers 21 heures.

L39 – Bonjour. C'est ici l'hôtel de l'Occident à Biarritz. Nous pouvons confirmer que nous avons reçu le paiement de votre compagnie et que nous avons réservé deux chambres à deux lits pour vos clients, la famille Morgan, du 2 au 6 juillet. Le prix est 190 francs la chambre, toutes taxes comprises, petit déjeuner 35 F par personne. Mais vous devez les prévenir que nous n'avons pas de restaurant à l'hôtel.

L40 – Et maintenant, notre exercice quotidien! Bonjour, Mesdemoiselles, Mesdames, Messieurs. Etes-vous prêts pour l'exercice quotidien? Eh bien, allons-y! Attention . . . Levez-vous, levez les bras, touchez le pied, puis levez les bras, touchez le pied. Mettez vos bras à vos côtés. Levez la jambe gauche . . .

L41 – C'est formidable qu'il ait pu gagner le maillot jaune!

– Oui, car il n'est plus si jeune, tu sais!

– Je sais bien. Les derniers kilomètres ont dû être très difficiles pour lui.

L42 – Oui, certainement, Mademoiselle. Vous devez signer le chèque à gauche . . . là. Vous voulez encaisser combien?

L43 – Il n'y aura pas de grand problème si vous partez avant le 30 juillet, mais du 31 juillet au 2 août, il vaut mieux éviter si possible toutes les grandes routes. Si vous devez absolument prendre la route pendant cette période de grande départs, je vous conseille de suivre les routes de délestage . . . Suivez les flèches vertes. De cette façon, vous pourrez éviter les embouteillages les plus importantes.

Si vous partez avec vos enfants, emportez des boissons fraîches, car ils en auront besoin si vous êtes retardés. Une voiture chaude devient rapidement insupportable.

L44 – Prenez un ou deux comprimés au moment de la crise douloureuse. Vous pouvez répéter la dose au bout de trois à quatre heures si c'est nécessaire. Pour les enfants jusqu'à l'âge de douze ans, il faut donner $\frac{1}{2}$ à 1 comprimé. Pour les enfants moins de trois ans, l'usage est interdit. Pendant la durée du traitement, vous devez éviter l'alcool, et il ne faut absolument pas dépasser la dose indiquée.

L45 – Vous faites quelle pointure, Monsieur? Nous avons ce modèle en $39\frac{1}{2}$ jusqu'au 46 en gris.

L46 – C'est un machin qui sert à ouvrir les bouteilles ou les boîtes en métal qui contiennent une boisson.

L47 – Le concert de Mad Max est ce soir à 21 h 30 au parc municipal. L'entrée est gratuite à tous ceux qui portent un tee-shirt Mad Max.

L48 – Pour vous orienter plus facilement, demandez le plan-sports au bureau de rensignements. Ce plan explique comment trouver le sport que vous préférez et comment vous inscrire. Toutes les activités continueront jusqu'à 20 h et la foire sera ouverte encore demain, à partir de 11 h.

L49 – Vraiment, c'est embêtant. J'attends ici depuis vingt minutes déjà et il n'y a personne au guichet. Je me demande pourquoi on nous demande de payer notre cotisation. On doit toujours attendre, toujours.

L50 – Vous avez le bloc sanitaire devant vous avec douches chaudes et toilettes. Le supermarché est à droite, et derrière, se trouvent la salle communale et le bar. Le restaurant est à côté de la rivière, et si vous traversez le pont, vous allez trouver la disco et le parc des jeux.

L51 – Deux grands crèmes et un chocolat, s'il vous plaît.
– Oui, Mademoiselle. Deux grands crèmes et un chocolat. C'est tout?
– Oui, merci.

L52 – Attention, s'il vous plaît. On annonce l'arrivée du vol AB630 en provenance de Nice. Nous regrettons qu'il y ait eu un retard de 45 minutes, à cause du brouillard à l'aéroport de Nice.

L53 – Nous avons le regret de vous annoncer qu'il y aura encore un délai pour le départ du vol AB762 à destination de Londres, en raison de la grève des porteurs. On estime que ce vol partira à 20 h 30. Les voyageurs sont priés de se présenter au personnel de la compagnie près de la porte C. Ils pourront obtenir un repas gratuit au buffet.

L54 – . . . et notre célèbre reine a été guillotinée elle aussi, comme son mari, sur la place de la Révolution, maintenant la place de la Concorde . . .

L55 – Quand vous sortez d'ici, Mesdames, Messieurs, vous pourrez utiliser le même ticket pour la visite du musée de costume. Alors conservez votre ticket. Il est valable pour la journée entière.

L56 – (telephone recorded message) Merci d'avoir appelé le Théâtre Molière. Voici les renseignements utiles qui concernent les spectacles de cette semaine. Lundi, relâche comme toujours, le théâtre est entièrement fermé. Mardi à vendredi: Cyrano de Bergerac, à 20 h 30, samedi à 21 h, et dimanche à 15 h. Tous les billets sont disponibles à 30 F la place, mais nous vous conseillons de réserver à l'avance. Il n'y a pas de réductions pour les étudiants cette semaine. Le bureau de location est ouvert à partir de 14 h jusqu'à 21 h, tous les jours, sauf le lundi.

L57 – Maman, j'ai oublié mon maillot de bain.
– Ouf! Mais rentre, et cherche-le!
– Mais où il est?
– Je ne sais pas, moi! Où l'as-tu mis? Dans l'armoire? Dans ton placard? Dans un tiroir? Ce n'est pas moi qui garde toutes tes affaires! Allez, dépêche-toi!

L58 – Attention les automobilistes. Beaucoup de difficultés aujourd'hui dans la région parisienne, à cause de la grève des agents de la RATP. Alors le métro fonctionnera pratiquement à nul et des milliers de Parisiens seront au volant. Soyez patients, et si possible, retardez votre départ jusqu'à demain. D'autre part, nous venons d'apprendre qu'un accident grave sur l'autoroute A13 a bloqué entièrement la direction Paris à 30 kilomètres de la capitale. Evitez cette route jusqu'à nouvel avis. Et maintenant le tiercé. . .

TABLE 1

GCSE topic	Reading questions	Listening questions	Writing questions	Extra! units
Personal identification	R27, 33, 102	L27, 29, 30, 33	W4, 13, 21, 23	6
Family	R10, 27, 41, 48, 53, 55, 62, 66, 70, 77, 104, 127, 159	L27, 30, 31, 57	W6, 9, 19, 20, 22	6
House and Home	R10, 23, 26, 27, 31, 32, 41, 48, 61, 70, 77, 79, 89, 90, 91, 100, 145	L3, 4, 30, 46, 57	W9, 21	
Geographical surroundings and weather	R34, 39, 58, 59, 60, 61, 67, 69, 72, 86, 96, 101, 105, 107, 148, 151	L10, 11, 12, 18, 20, 23, 24, 29, 32, 35, 52	W3, 10, 19, 20, 22	2
Travel and Transport	R3, 19, 22, 24, 30, 35, 39, 45, 65, 67, 68, 69, 74, 80, 81, 87, 94, 98, 101, 109, 112, 115, 116, 117, 125, 145, 147, 149, 154	L10, 15, 16, 25, 28, 43, 52, 53, 58	W5, 18, 20, 22	3, 14
Holidays	R6, 7, 11, 15, 36, 49, 50, 53, 60, 63, 82, 83, 101, 102, 126	L21, 22, 23, 25, 31, 34, 39, 43, 50, 55	W1, 2, 5, 8, 11, 15, 19, 22	4
Accommodation	R36, 102	L30, 34, 39, 50	W2, 9, 21	4
Food and drink	R2, 25, 37, 77, 78, 89, 93, 103, 111, 118, 142, 151	L17, 36, 43, 51, 53	W17, 24, 25	1, 16
Shopping	R1, 4, 9, 10, 11, 13, 17, 20, 23, 29, 34, 40, 44, 46, 54, 55, 56, 71, 76, 83, 90, 95, 100, 105, 108, 122, 129, 131, 134, 135, 136, 137, 138, 140, 146, 150, 155, 156	L1, 2, 6, 7, 8, 17, 27, 45	W16, 17	11, 18
Services	R2, 4, 6, 7, 11, 12, 14, 20, 25, 26, 33, 35, 37, 42, 47, 48, 49, 50, 69, 78, 88, 92, 101, 102, 108, 110, 119, 128, 130, 141, 153, 159	L3, 4, 14, 24, 26, 37, 38, 42, 46, 49, 51, 55, 56	W5, 10, 12, 23	13, 17
Health and Welfare	R9, 15, 18, 19, 24, 27, 32, 38, 48, 51, 59, 64, 72, 75, 80, 103, 114, 120, 123, 133, 142, 151, 157	L40, 44	W10	8
Free time and Entertainment	R5, 8, 12, 15, 16, 18, 20, 28, 38, 47, 49, 52, 53, 56, 58, 60, 63, 71, 73, 75, 77, 82, 83, 84, 85, 88, 96, 102, 106, 107, 114, 120, 121, 123, 124, 129, 143, 144, 150, 152	L9, 10, 13, 21, 22, 26, 40, 41, 47, 48, 49, 54, 55, 56	W3, 4, 11, 13, 18, 22	9, 10, 15
Relations with others	R8, 21, 27, 41, 47, 52, 55, 62, 66, 104, 159	L5, 9, 30, 31, 38, 49, 57	W3, 6, 8, 9, 10, 11, 14, 22	6, 12
Education and career	R8, 10, 12, 21, 33, 41, 42, 45, 52, 53, 54, 59, 64, 70, 71, 79, 91, 102, 113, 125, 127, 139, 145, 147	L30, 31	W8, 11, 14, 19	7
Money	R54, 63, 70, 101, 102, 108, 110, 130, 131, 146	L17, 19, 36, 42	W10	3, 11

TABLE 2

Orientations units	Reading questions	Listening questions	Writing questions
Modes	R17, 23, 26, 29, 33, 40, 44, 46, 54, 56, 73, 76, 86, 100, 105, 122, 131, 134–138, 146, 150	L1, 2, 5, 6, 7, 8, 9, 47, 58	
L'Informatique	R12, 31, 42, 61, 79, 108, 119, 130, 132, 141, 145, 153, 159	L13, 14	
La Nature	R38, 43, 51, 59, 60, 72, 82, 96, 124, 144	L30	W20
La Ville	R6, 7, 14, 22, 24, 28, 34, 45, 47, 48, 49, 50, 57, 58, 61, 64, 68, 69, 70, 80, 83, 85, 87, 88, 92, 95, 98, 104, 106, 107, 110, 115–119, 127, 128, 130, 144, 147, 149, 153, 157	L3, 4, 11, 12, 14, 20, 21, 22, 26, 27, 29, 32, 37, 46, 49, 56, 58	W9, 10, 20, 21, 23
Sport	R15, 75, 84, 101, 114, 120, 123, 124, 143, 150, 152	L10, 40, 41, 48	W18
L'Alimentation	R2, 18, 25, 37, 77, 78, 89, 93, 103, 111, 118, 133, 142, 151	L17, 36, 44, 51	W24, 25
Le Rail	R3, 19, 30, 35, 39, 67, 74, 81, 112, 115	L10, 15, 16, 25, 28, 33, 52, 53	
Francophones	R8, 21, 52, 62, 66, 70, 77, 104, 113, 121, 151	L31	W4, 6, 7, 11, 13
Vacances	R15, 36, 63, 65, 82, 87, 88, 101, 102, 109, 120, 124, 126, 148, 158	L18, 23, 24, 29, 34, 35, 39, 43, 50, 55	W1, 2, 3, 5, 8, 12, 14, 15, 19, 20
Les Femmes	R10, 27, 41, 73, 79, 84, 91, 104, 113, 114, 133, 139	L3, 30, 38, 54, 57	
Le Commerce	R1, 2, 4, 9, 11, 13, 20, 23, 32, 53, 55, 71, 90, 95, 105, 108, 129, 131, 134–138, 140, 146, 155, 156	L2, 8, 17, 19, 27, 36, 42, 45,	W16, 17